GENTOSHA
OUTLAW
BUNKO

昭和の凶悪殺人事件

小 野 一 光

幻冬舎アウトロー文庫

まえがき

令和のいま、犯罪捜査に用いられるハイテクは格段に進化している。

まず、事件が発生した際に、通信やSNSの履歴で被害者と加害者の接点があれば、その関係性が比較的簡単に明らかになる。たとえ見ず知らずの相手を狙った〝流し〟の犯行であっても、街頭や駅などに無数に存在する防犯カメラ映像に加え、同時間帯に通行した車のドライブレコーダー映像などを収集することで、犯人の足跡を追うことが容易になった。とくにAIによる顔認証システムの進化によって、捜査員がすべての映像を目視するという、多大なる手間が省かれつつある。ほかにも、犯行に使用した車両が発見された場合、その車両のカーナビには走行履歴が残されていることから、犯人の行動を辿ることができたりもする。さらにはDNA鑑定の進化も著しい。そのことにより、被害者の特定が迅速化し、犯行の立証がより確実なものになった、等々……。

そうした犯罪を追いかける側にとって、圧倒的に有利なハイテクのなかった時代。それが昭和である。

さすがに昭和五十年代ともなると、銀行や官公庁などの屋内に防犯カメラが設置されたりもしているが、それはごく一部のこと。基本的には捜査員が足を使って、目撃証言を集めることから捜査が始まる。なかには誤情報もあったりするが、その一つ一つのウラを取って、真実の情報に近づいていく。

同様に、犯行現場の遺留品についても、その製造、販売ルートを一つずつ辿り、購入者を絞れないか、可能であればそれが個人の特定に至らないかということを、これもまた丹念に足を使って調べていく。

犯人特定に繋《つな》がる指紋については、明治時代後期に監獄で指紋押捺《おうなつ》が実施されるなど、比較的早くから捜査にも活用されていたが、それでも昭和の時代であれば、現在のようにデータベース化された資料のコンピュータによる対照ではなく、各都道府県警本部の鑑識課が所有する指紋票と目視で対照していくことになる。

それがいかに大変な作業であるか具体例を挙げておくと、昭和三十年代に九州地方某県で発生した殺人事件の捜査では、現場に残された遺留指紋と西日本で発生した同様の手口の指紋票など約三十万枚の総当たりを決意して対照を開始。「死体のそばに軍手があり、犯人は手袋を使用したかもしれない」との声もあるなか、合致対象が確実に存在するとはいえない対照作業を鑑識課員が五十五日間続け、十七万九千四百八十六枚目にして、ようやく合致する指紋を探し当てたのだった。

こういった地道な捜査が現実に行われていることを知れば知るほど、なんらかの理由で発覚してしまった犯罪については、捜査の網をかいくぐる抜け道がほとんどないことを実感する。もちろん、現実には未解決事件も少なくはないが、それはいくつもの偶然が重なってしまった結果に過ぎないのではないかと思う。

人力で犯人を追い詰めていた昭和の犯罪捜査というのは、非常に人間的なものである。もちろん令和のいまも、基本的には罪を憎む捜査員の根気が、捜査に大きな影響を及ぼしているのだろうが、人間対人間という攻防の度合いが〝濃い〟昭和の事件のほうに、私はより深い興味を抱いてしまう。

今回、昭和の犯罪を紹介するにあたり、私は警察内部だけに出回る「部内用」の資料を参考にしている。

たとえばそれは全国の刑事にだけ配付される冊子や、警察幹部がみずから携わった事件を記した備忘録だったりする。今後の捜査の参考のために、現実に発生した事件の端緒から、現場の状況、採証された遺留品や微物《びぶつ》などが明かされ、そのうえで立てられた捜査方針、捜査の状況、犯人特定に至る流れ、逮捕後の取り調べ内容などが詳《つまび》らかにされているものだ。

本来ならば表に出るはずのない資料ではあるが、時折古書市場などに出てきたり、コレクターが個人的に転売したものを、長年にわたり蒐集《しゅうしゅう》してきた結果、こうしてまとまったかたちで発表することに繋がった。なお、私が入手したのはいずれも昭和二十年代以降、つまり戦後の資料であるが、犯行の動機や経緯をより身近に感じられるように、本書では昭和四十年代以降の事件を中心に収録した。

それでも古いものは五十年以上前の事件である。その事件解決に至る過程には、テレビドラマとはまったく異なる、決して派手さはないが、捜査員の執念の結果ともいうべき、地道な捜査が行われていたことへの驚きがある。さらにいえば、呆れてしまうほどの短絡的な思考から生まれた、それでいて身の毛もよだつ凶悪な犯罪というものが、いまに限らず起きていたという現実に、戦慄を覚えることだろう。

昭和の凶悪殺人事件　目次

第三章 異常性欲者たち

第四章 カネ絡みの凶行

第五章 偽装工作を見破れ

第六章 執念の「証拠調べ」

本文デザイン＋ＤＴＰ　美創

＊登場する人名・団体名は断りのないかぎり、仮名です。

昭和の凶悪殺人事件

第一章

家族間殺人

金属バット親殺し事件

両親の撲殺死体を発見した息子

「おばさん、おばさん、大変だ！」

昭和五十年代の晩秋、関東地方某県Y市で飲食店を営む高山雅史一家の家に、近くに住む二十歳の田中浩二が慌てて飛び込んできたのは、午前九時過ぎのことだった。

雅史の妻の康子が「どうしたの？」と聞くと、浩二は青ざめた顔で訴えた。

「父と母が死んでいる。一緒に来てください」

驚いた高山夫妻が、浩二とともに田中家に駆けつけると、父の和男と母の由美が、それぞれ寝室で枕元を血に染めて倒れていた。

「これは大変だ。警察に知らせたのか？」

雅史が浩二に尋ねると、彼は黙って首を横に振る。

「早く警察に知らせないとダメじゃないか」

雅史は浩二に向かってそう言うと、田中家の電話を使って一一〇番通報をした。

その死亡状況から、誰が見ても明らかな殺人事件ということで、まず到着した所轄のY署員によって現場保存の措置が取られてから、続々と本部の捜査員たちが臨場したのだった。

＊

田中夫妻の死因はともに脳挫滅《のうざめつ》で、凶器は角のない鈍器のようなもの――。解剖の結果から、そのような死因が割り出された。

和男の死体は六畳間のほぼ中央に敷かれた布団の上に仰向けとなり、頭頂部と足先をわずかに出した状態で掛布団に覆われていた。

また、由美の死体はその奥の八畳間の中央に敷かれた布団の上に仰向けに横たわっており、和男と同様に掛布団をかけられ、頭頂部と足先をわずかに出した状態だった。

和男の部屋に置かれた財布の中身はなくなっており、物色されたものと考えられたが、納戸内のタンスやその他のタンスの引き出しは、さほど物色の形跡が見当たらず、ただ開けられただけだと推測された。

事件があった夜、被害に遭った田中夫妻以外には、次男の浩二しか家にいなかったため、彼を検証に立ち会わせながら、事情聴取が行われた。

浩二によれば、事件前日は和男が朝からゴルフに出かけ、由美は習字の稽古のため家を空けていた。兄の修也は会社に出勤しており、浩二が一人で家にいたという。夕方になって由美が帰宅し、午後十一時過ぎには和男が帰ってきたが、兄はまだ帰宅しておらず、本人は翌日に予備校があるため、午前〇時半過ぎに就寝。翌朝目覚めて両親の死体を発見したというものだった。

死体にかけられたままの布団への違和感

「友人宅に泊まっていたという兄のアリバイは確認された。だが、浩二の証言には矛盾がある……」

捜査員が不審を抱く証言の矛盾は幾つかあった。一つは、本人が朝まで熟睡していたと話していること。もしそうならば、両親の死体を発見したとき、通常ならば家にいる兄に声をかけるはずだが、浩二はそれをせず、いきなり高山家に行っている。その行動は、兄が帰っていないことを知っていたのではないかという疑惑に繋がる。

続いて、いかに熟睡していたとしても、両親に対する犯行の物音をまったく聞いていないというのは、不自然ではないかということ。

これらに加え、死体の顔には掛布団がかけられていたが、こうした状況は面識者の犯行であることが多いことも、浩二を疑う根拠となっていた。

さらに、死体にまったく手が触れられていないことにも、捜査員は疑問を抱く。ふつう肉親であれば、こうした非常時に、顔にかかった掛布団をめくって揺り起こしたりするものである。しかしそうした形跡はなかった。

だが、これらの点について捜査員から指摘された浩二は、次のように口にする。

「死体に手をかけなかったのは、推理小説のなかで、事件の現場には一切手を触れてはならないと書いてあったのを、読んだことがあったから……」

さらに浩二は、矛盾を追及する捜査員に問い返す。

「私は両親の死体を見てびっくりしてしまい、詳しいことはまったく思い出せません。私に疑いがかかっているんですか?」

浩二への事情聴取と並行して、犯行現場を捜査していた現場検証班からは以下の報告が上がっていた。

「外部からの侵入と考えた場合、侵入口は玄関しか考えられないが、玄関には家族の履物痕以外は発見されなかった。血痕等は玄関の外側にはまったくない。家屋内の物色は全般的に浅く、引き出しから採取した手袋痕の紋様は、被害者方の洗面所にあったゴム手袋の紋様と一致する」

どう考えても、内部の者の犯行としか思えないのである。

「犯人は浩二、物色は偽装と考えていいだろう」

Y署に設置された捜査本部では、そのような結論に達し、浩二を自供に追い込むための準備が進められることになった。

初日の事情聴取を終えて浩二を伯母宅に帰宅させる際、「明日、検証令状で君や兄さんの部屋を見せてもらう」と言うと、彼が一瞬、顔色を変えたことを、取調官は見逃していなかった。さらに、浩二が所有する金属バットの所在を追及したところ、回答が曖昧で、しばしば答えに詰まっていたことなども、捜査会議では報告されていた。

どうやって浩二を自供に追い込むか。捜査員のその思いは、意外なかたちで解決することになる。

伯母宅にいた浩二に対して、捜査本部がふたたび任意同行を依頼した際、疑問に思った別の叔母が浩二に「警察が浩二君にまた話を聞きたいと言ってきたわよ。(犯人は)まさか浩二君じゃないでしょうね?」と問いかけたのである。すると浩二は「あまり話したくない。いまにわかるよ」と答え、その発言に疑惑を抱いた叔母に追及されると

「うん、ちょっとあってね」と、犯行を認める発言をしたのだった。

驚いた叔母は自身の姉（浩二の伯母）に連絡し、伯母が被害現場で立ち会いをしていた浩二の兄に電話を入れ、「浩二が殺したんだって。早く警察の人に話して」と伝えたのである。

「刑事さん、いま伯母から電話がありまして、浩二が殺したらしいと言ってきました」

兄からそのことを聞いた捜査員は、こうした事態を予測していたため、平然と「わかった」と頷くのみに留めた。

この段階ですでに、浩二の部屋の押し入れ上の天袋からは血液反応のある金属バットが見つかっており、押し入れの整理ダンスの裏からは、血液が付着したズボンとランニングシャツが発見、押収されていた。浩二の犯行であることは、彼の自供がなくとも証明できる状態だったのである。

スイカ割りのように何度もめった打ち

暖簾《のれん》に腕押し——。
取調官の問いかけに対して、浩二は常に無表情で、動揺を見せずにいた。みずからの犯行について淡々と語る。

「小遣いの足しにするため、父親の定期入れからキャッシュカードを抜き取り、一万円を引き出してウイスキーなんかを買った。その夜、カードを元の場所に戻そうとしたが、見当たらなかったので、二階の自分の部屋に隠していた。すると、夜になってゴルフから帰ってきた父親に呼びつけられて、『キャッシュカードがなくなってる。お前だろう。財布からもちょくちょくカネがなくなってる』と責められた」

その際に、母親の由美だけは自分の味方だと思っていたが、彼女からも責められたのだという。

「キャッシュカードの件は認めましたが、現金は盗《と》っていないと否定すると、母親から『ふざけている場合じゃないでしょう。あんた以外に誰が盗るの』と叱られ、母親だけは僕を信じてくれると思っていたのに、腹が立ちました……」

ふて腐れた浩二は、二階の自室に戻り、気を紛らわすために、昼間買ったウイスキーをラッパ飲みしていたところ、そこにまた父親が現れた。浩二は言う。

「父親は突然、部屋の扉を開けて『酒なんか飲んで何事だ。お前の仕事は勉強することで、酒を飲むことじゃないぞ。お父さんのように偉くなってから酒を飲め。この馬鹿者が』と怒鳴って右脇腹を蹴られました。そして、『明日、家を出ていけ』と言われ、そのとき、両親は私を邪魔者扱いしていると思いました。それならいっそ、両親を殺してしまおうと殺意を抱きました」

浩二はそこで、以前読んだ推理小説で、鉄棒を使って被害者を殺害する場面があったことを思い出した。

「僕は押し入れにあった金属バットで殺そうと決意しました。兄はまだ帰宅していなかったので、しばらく待っていましたが、もう帰ってこないだろうと思い、午前二時半頃、金属バットを脇に抱え、トイレに行くふりをして、一階に下りました。指紋がついてはまずいと思い、洗面所にあったゴム手袋をはめ、父親の寝室の前に行くと、なかからイビキが聞こえました。そこで布団の前に行き、金属バットで額のあたりを一回強打すると、唸《うな》るような呻《うめ》き声を上げたので、頭に掛布団をかけて、何度か強打しましたが、それだと効き目がなかったので、掛布団を取り除き、スイカ割りのように何度か顔と頭をめった打ちにしました」

父親は抵抗することなく絶命した。浩二は続いて、奥の八畳間にいる母親のもとへと向かう。

「母親も父親と同じで、金属バットでめった打ちにすると、すぐに死にました。ただ、このままでは僕が疑われるのは間違いないと思い、強盗が入ったように見せかけるため、納戸の貴金属類を盗りました。次に血のついたバットとゴム手袋を風呂場で洗い、もう一度両親の寝室を覗いて、死んでいるのを確かめてから二階に上がり、バットや血のついた衣類を天袋やタンスの裏に隠し、ほっとしてベッドに入りました」

浩二はこれらのことを淡々と説明した。彼は現場での実況見分でも平然とした姿を見せており、後日、兄と面会して「お前、どういう気持ちでいるんだ。死んでしまえ」となじられた際も、ただ黙ったまま無表情で通し、まるで能面のように、感情を表に出すことは一切なかった。

保険金目当ての〝主人殺害計画〟

林道に放置された男性射殺死体

「背広を着た中年男が、林道で頭から血を流して死んでいる――」

昭和六十年代の初夏のこと。四国地方某県のV署に、近くの山林にメジロ獲りに出ていた男性から通報が入った。

捜査員が現場に急行したところ、右顔面をうつ伏せにした男の死体があり、肩から足にかけて段ボールがかけられていた。死体のこめかみには直径二センチメートルほどの銃創があり、着衣には血痕が飛び散っている。

死体の近くからボストンバッグが発見され、そのなかに入っていた運転免許証から、被害者はV市に住む三十六歳の高山一郎と見られた。そこで彼の妻である高山美樹に連絡を入れて確認してもらったところ、死体は夫の一郎に間違いないことがわかった。

免許証が入っていた札入れからは、現金とキャッシュカードが抜き取られていた。さらに、美樹によれば、一郎は死体発見の三日前から勤務先の建材メーカーの本社に、会議のために出かけており、同二日前の飛行機に乗って帰ってくるとの連絡を自宅に入れていたことがわかった。

死体発見の翌日に行われた司法解剖によれば、死因は顔面射創《しゃそう》によって生じた脳挫傷《のうざしょう》と、その際の大量出血に基づく失血によるものとされた。また、弾丸の射入口及び負傷部位の状況などから、一郎は座ったままの状態で、五十センチメートルほどの至近距離から射殺されたと推定された。

そのため、殺人事件であるとして、V署に殺人・死体遺棄事件の捜査本部が設置されたのだった。

妻の昔の男は指名手配中

一郎の葬儀を終えてから、喪主として参列していた妻の美樹への事情聴取が始まった。

「午後四時三十分頃、V空港にいる主人から『午後五時十分発の飛行機に乗る。家には六時半頃に帰る』と電話がありました。主人は来月から本社の開発課長補佐として転勤の内示を受け、喜んでいました」

彼女はそう口にすると涙ぐんだ。すると、隣に寄り添っていた美樹の実母がある言葉を洩らした。

「この子は、棺を開けて最後の別れをするときでさえ、涙ひとつ見せなかった。愛する人が殺されても涙ひとつ見せない妻なんて、我が子でも信じられない……」

その言葉が捜査員の耳に残り、捜査会議でも報告されていた。すると、美樹の内偵捜査を行っている班から新たな情報がもたらされた。それは三年前に発生した事件で、銃刀法違反の容疑で指名手配されている尾形譲二という三十八歳の男の立ち回り先が、結婚前の美樹の家だとの情報だった。

そこで、尾形と本件との結び付きを解明するため、彼が美樹に会いに来ていないか、V市内のホテルへの捜査を実施した。すると事件前後の二カ月間で、尾形が宿を変えながら、二十七日間もの滞在をしていたことがわかったのである。

さらに尾形が最後に宿泊したCホテルの接客係に事情を聴いたところ、次のような話が出てきた。

「×月×日午後十時四十五分頃、外線から三十歳くらいの女性の声で、尾形さんに電話があったので、部屋に取り次ぎました。しばらくして尾形さんがフロントに下りてきて、『タクシーを呼んでくれ』と頼まれたので呼ぶと、その車に乗って出ていき、翌日の午前四時頃に戻ってきました」

その日はちょうど一郎が出張に出ていて、家にいない夜である。そこでタクシー運転手を割り出して事情を聴いたところ、尾形が美樹のいる高山家の近くで車を降りたことが確認された。

さらに、V市内に宿泊中の尾形には連れの男がいたことも確認され、捜査の結果それは桐山高志という四十三歳の男であることがわかった。

ホテル関係者への捜査を進めると、事件が発生したと思われる日の午前中、尾形と桐山のほかに、パンチパーマの男がロビーにやってきて、彼らが「車の手配ができた」などと密談していたこと、さらに尾形はその日の午後三時頃から午後十一時頃までホテルを外出していたことも判明した。

そうした内偵捜査の結果を踏まえ、ふたたび美樹への事情聴取が行われることになったのである。

夫の葬式で見せなかった涙で無実を訴える

「主人の両親の手前、隠し通すつもりでした……」

美樹への事情聴取が連日行われたところ、彼女はそう切り出して話し始めた。

「事件前日、尾形に電話で呼び出され、午後二時頃に自宅近くのRホテルに行くと『三十万円都合してほしい』と頼まれましたが、断って帰りました。その晩の十時頃にも尾形から電話があり、夜中の十二時頃に一人でやってきてカネの無心をされました。私が断ると『ダンナのキャッシュカードはどこにある？　ダンナの誕生日はいつ？』などと問い詰められました。仕方なく、キャッシュカードは主人が持っていることを伝え、誕生日を教えると、午前三時頃に帰っていきました。尾形は自分の目的のためには手段を選ばない男だけど、まさか殺すとは思わなかった。尾形が捕まれば私に頼まれて殺《や》ったと言うでしょうけど、私は絶対に関係ありません」

美樹は涙を流しながら訴えた。加えて彼女が「事件前と後に尾形から脅されてカネを振り込んだ」と供述したため、捜査員が照会したところ、実際に供述通りの金額が振り込まれていることが確認された。

捜査本部は尾形と桐山の二人が一郎殺害の実行犯であると断定し、逮捕状の発付を得ると同時に指名手配を行った。

しかし、二人は捜査の手が及ぶことを察知したのか、捜査本部が把握した立ち回り先からは逃走していた。そのため彼らの周辺への聞き込みを強化したところ、二人はX県に潜伏しているとの情報を得ることができた。また、X県でホステスをしている尾形の元情婦を割り出すことにも成功したのだった。

そこでX県警に捜査共助を依頼して、この元情婦に接触したところ、「×月×日の夜、尾形が男を連れて飲みに来た」との情報がもたらされた。さらに写真で人定を行う「面割り」を実施したところ、尾形と一緒にいたのは桐山だということを確認。桐山は彼女に自分の情婦への仕事の斡旋《あっせん》を頼んでおり、その情婦は捜査員が事前に所在をつかんでいた黒田康江だったのである。

捜査員はそれから康江の住居への張り込みを行い、消えていた部屋の灯りがついた際に踏み込んだところ、彼女と一緒に桐山がいたことから逮捕した。

V署に移送された桐山は、取り調べに対し「俺は運転手だ。(殺人には)関係ない」と否認していたが、その後、数日で〝完落ち〟する。

「×月下旬頃、尾形から四十歳くらいの男の写真を見せられ、『車を借りて運転するだけで五百万円払う』と言われ、保険金目的の殺人を持ちかけられた。気乗りはしなかったが、尾形に対して借金があり、仕方なく引き受けた……」

そう口にすると、桐山は一郎殺害の状況を説明した。ただ、この時点では尾形の身柄を確保できていない。捜査員は尾形の足取りを追うことに全精力を傾けた。

桐山の逮捕から一カ月以上が過ぎたある日、尾形の知人からもたらされた情報をもとに捜査を進めたところ、彼がK県内に潜伏していることが判明。捜査員が張り込んで、姿を現した尾形を逮捕したのだった。

＊

「この事件は俺一人の考えでやったことで、桐山も美樹も関係ない」

当初はそう嘯《うそぶ》いていた尾形が態度を軟化させたのは、取り調べから五日目のことだ。

「美樹から借金を申し込まれたので、V市の自宅に行った。そこで彼女から建売住宅の折り込み広告を見せられ、『こんな庭付きの家に住みたいけど、私には高嶺《たかね》の花ね』と言われたので、『そんなことはない。住宅ローンで家を買ったあと、夫を殺して保険金と住宅の両方を手に入れた女がいる。外国人の殺し屋を雇って逃がせば捕まらない』と言ったところ、美樹は本気になって話に乗ってきた」

そのように、尾形は美樹から保険金を目当てにした、夫殺しを依頼されたことを供述したのである。

また、尾形は一郎殺害の様子についても供述。すでに桐山が話していた内容と矛盾のない犯行状況は、以下のものだった。

当日、美樹から一郎が乗った飛行機についての情報を得ていた尾形と桐山は、V空港で彼が現れるのを待ち受けた。そして姿を見せた一郎に、桐山が駆け寄り「子供さんが交通事故に遭った」と告げ、用意していた車に乗せた。やがて空港を出て五分くらい経ったところで、車の荷台に隠れていた尾形が拳銃を突きつけ、布団を被せて脅迫したのである。当初は隣接する県で殺害する計画だったが、一郎が途中で暴れ出したため、車内で尾形が頭に向けて発砲して、命を奪ったのだった。

悪女の言い分「悪いのは主人です」

「尾形が私を巻き添えにしようとしてるんです……」

尾形の逮捕後、殺人の共謀共同正犯容疑で逮捕された美樹は、自分は犯行の依頼などしていないと、頑《かたく》なに関与を否定した。

しかし取調官から次々と証拠を示され、追及を受けたことで観念したのか、「私や私の家族を馬鹿にしたから、尾形に頼んで主人を殺してもらった。でも、もともと悪いのは主人です」と、憤った口調で訴えると、犯行を全面自供した。

「父や弟にカネを融通していることを主人に知られ、『なんで貸すんだ。お前のカネじゃないぞ。俺が稼いだカネだ。仕事もしないでブラブラしている男に、カネが返せるわけないだろう。お前のところにカネをやるために働いているんじゃない。何回言ってもわからないのか、このバカが』と罵《のの》られ、犯行の半年前には、こんな主人なんかいないほうがいいと、激しい憎しみと怒りを抱くようになっていました。それで尾形なら外国人の殺し屋を知っていると思って……」

美樹はそのように犯行理由を話すと、深くため息をつき、続ける。

「以前、尾形とフィリピンへ渡航した際に、尾形の指示で拳銃一丁を密輸した経験があり、そのときに、フィリピンには殺し屋がたくさんいて、頼めば簡単に殺しを引き受けてくれることを知りました。だから尾形に頼んで、主人を殺してもらおうと思ったのです」

とはいえ、尾形が実際にフィリピン人の殺し屋を雇うようなことはなく、桐山の手を借りて、みずから犯行に及んだことで墓穴を掘っていた。また、一郎の死体が発見された当初から、美樹は捜査本部に疑いの目を向けられており、完全に外堀を埋められてからの逮捕になるなど、杜撰《ずさん》な犯行内容が目立つ事件だった。

色欲に溺れた夫による妊婦絞殺事件

発覚のきっかけはファミレスの泥棒騒ぎ

昭和五十年代の終わり近くに、その事件は起きた。

「現金約百万円の入った金庫が泥棒に盗まれた」

中国地方U県にあるファミリーレストランからL署に通報があり、窃盗についての捜査が始まってからのこと。

現場検証により、金庫が置かれた部屋への侵入には合鍵が使われており、内部事情に明るい者が犯行に関わっている疑いが強いとの見立てがなされた。そのため、従業員とその関係者に対する洗い出し作業が進められることになったのである。

そこで浮かび上がってきたのが、持山秀一という三十三歳の男。持山はその店でウエイトレスとして働く岩田小百合と同棲しており、彼女をいつも車で送迎していたが、定職に就かず、昼間はパチンコ店に入り浸る遊び人だった。

小百合は夫と離婚後、二人の子供を引き取りL市内で暮らしていたが、一年ほど前、当時布団販売店のセールスマンだった持山が営業に訪れ、いつしか男女の仲になっていたのである。

持山について内偵捜査を続けたところ、驚きの事実が浮かび上がってきた。

持山には前年の春から同棲を始め、入籍して間もない二十四歳の妻がいたのである。妻のルリ子は、持山がかつて布団販売店で働く前に勤めていた、先物取引仲介会社で事務職に就いていた女性で、結婚後はZ市内にアパートを借りて生活していた。だが、妊娠しているルリ子の姿が、ここ一カ月くらい目撃されていないというのだ。

捜査員の聞き込みに対して、アパートの大家は次のように答えていた。

「去年、（ルリ子）本人から聞いた話では、この春には出産予定で、お腹もかなり目立っていました」

また、彼女が通っていた病院によれば、昨年末までは何度か診察を受けていたが、今年になってからは姿を見せていないという。

さらにルリ子の両親からは、「持山にルリ子の居場所について尋ねたが、『いまは言えない。そのうち電話を入れさせる』と説明された」との証言も入手した。

この段階ですでに窃盗事件の発生から二カ月半が経過していた。捜査員が集めてきた話から、ルリ子が犯罪の被害者となっている最悪のケースも想定されるため、L署とZ署に約二十名体制での捜査チームが編成されたのである。

殺人に一切触れない作戦

いかにして持山の身柄を拘束するか——。

捜査チーム内で協議が繰り返されるなか、持山がその昔、先物取引仲介会社に勤めていた際に、飛び込み営業で親しくなった田口涼子という三十五歳の人妻から、委託証拠金として、数十万円を得たとの話が出てきた。

調べを進めると、涼子は不倫関係にあった持山に対し、夫に内緒で四十八万円を手渡していたことが判明。しかし、持山による詐欺行為であるにもかかわらず、彼女は浮気がバレてしまうことを恐れ、被害調書の作成をしたがらない。

「ご主人には知られないようにするから、なんとか協力してもらえないか」

数日をかけた捜査員の粘り強い説得により、涼子はようやく承諾する。その結果、持山に対する詐欺容疑での逮捕状と捜索差押許可状が発付されたのだった。

そこからのU県警の動きは早かった。すでに持山の行動確認を行っていたため、翌日の朝には転がり込んでいた小百合の自宅で、身柄を確保したのである。

　詐欺容疑の逮捕ではあるが、持山は妻であるルリ子の所在について、触れられることを恐れていた。しかし、U県警は持山に対して、涼子が被害者である詐欺事件の取り調べしか行わない。次第に彼の張りつめていた気持ちは緩んでいく。

　じつはこれはU県警の作戦であった。逮捕から二週間はルリ子について一切触れず、証拠を固めたうえで、一気に勝負をかけようと考えていたのである。

　持山が詐欺事件での取り調べを受けている間、U県警は小百合宅でルリ子の運転免許証や預金通帳などを発見、押収していた。さらにZ市内の銀行で彼がルリ子の預金を解約して四十七万円を引き出していたこと、同じくZ市内の中古車販売店で、彼女の愛車を四十五万円で売却していたことをつかんでいた。

「おそらくルリ子は生きていないだろう」

　捜査チームは最悪の状況を想定して、持山と対峙する準備を進めた。なかでもとくに詳細に取り決められたのは、取り調べの前に行う予定のポリグラフ検査についてだった。質問事項に関して内容が練られ、ルリ子の死亡日時や場所、殺害方法を含めた自殺・他殺の別については当然のこと、死体を遺棄した場所など、ルリ子が死亡していることを前提に話が進められた。

そしてついに〝決戦の日〟がやってきたのである。

「あなたはルリ子さんを殺害しましたね？」

ポリグラフ検査が始まり、腕と指先に器具をはめられた持山に、検査官が質問を繰り返す。そのたびに持山は「いいえ」と否定するように、事前の指示を受けていた。

この、前哨戦ともいえる検査は、約三時間にわたって続けられた。

取調官の刑事は、外でその結果を落ち着かない心持ちで待つ。やがて、平静な表情を保ちながら検査官が表に出てくると、彼に向かってOKサインを出した。

「ルリ子さんは殺されているようだ。絞められた可能性が高い」

これで自信を持って持山を追及することができる。取調官は机を挟んで持山と向き合った。椅子に深く腰掛けた彼は、見たところ平静を装っている。

「(ルリ子は)アパートに帰ったら姿を消していました。私はほとんど小百合のところで過ごしていたので、行き先はわかりません」

持山はあらかじめ用意していたであろう答えを繰り返す。それに対して取調官は、ルリ子の両親の親心を説き、早く彼女を両親のもとに帰すように訴えかけた。

時間ばかりが刻一刻と過ぎてゆく。そのとき、取調官は持山のちょっとした態度の変化を見逃さなかった。彼の両肩の力が急に抜けたのである。

取調官は机の上に置かれた持山の両手を、そっと両手で包んだ。すると持山が静かな声で切り出した。

「お願いがあります。これからZ市に連れていってもらえませんか……」

そして持山は、ルリ子を殺《あや》めたことについて、一気に自供を始めたのだった。

翌朝、持山を立ち会わせて、Z市の海岸近くにある砂防林の脇での捜索が行われた。捜査員が持山の指差す砂地を掘り進めていくと、約一メートルほど下の地中から、膝を曲げた状態で横たわる女性の遺体が発見された。

遺体は首に紺と茶色のチェック柄のマフラーを巻き、赤いセーターに濃紺のマタニティードレスという姿で、その両手はお腹の子を庇《かば》うかのように、腹部の前に重ねられていた。

現場に立ち会った持山は終始無言でうつむいたままで、遺体が発見された際には両手を合わせて涙ぐんだ。遺体の確認を求められて立ち上がろうとしても、よろめいて立てないほどに動揺していた。

純情な妻か、性技に長けた愛人か

N県で生まれた持山は、G県の高校を中退後、同県F市に事務所を持つ暴力団幹部の運転手となった。

色白で長身の優男だった持山は、Z市出身の美容師と結婚するが、昭和四十六年に起きた、暴力団幹部殺害事件に関与したことで三年間服役した。出所後はかたぎとなって、妻の実家があるZ市にやってきたが、そこで妻の稼ぎを当てにした放蕩三昧の生活を続け、愛想を尽かした妻とは昭和五十七年に離婚していた。

その後、先物取引仲介業の会社に勤め、そこでも営業先の人妻を相手に逢瀬を重ねていたが、あるときから社内で事務職の仕事に就いていたルリ子に関心を抱き、農家の次女で純情だった彼女を誘惑したのである。

持山にとって、これまで男を知らずに生きてきたルリ子は新鮮だったようで、二人はいつしか結婚を誓い合う仲になった。しかし、ルリ子の両親は、いかにも遊び人といった持山との結婚については、頑として認めようとしない。

願いを絶たれた持山は、会社を辞めて近隣のM市に引っ越したが、ルリ子は親に隠れて彼に会いに来ていた。彼女を不憫に思った持山が、Z市に戻って布団販売店で働き始めたところ、ルリ子は実家を飛び出して、彼のもとに転がり込む行動に出たのである。そこで娘の思いの強さを知った両親は、さすがに折れないわけにはいかず、二人の結婚を認めたというのが一連の流れだ。

だが、結婚からわずか一カ月にして、持山は新しい女を作る。それが事件を起こした当時に転がり込んでいた小百合だった。持山はルリ子とは違う、元人妻である小百合の性技に溺れ、外泊を繰り返すようになった。一方のルリ子は、同じ時期に自身の妊娠を知り、喜びを感じる反面、なかなか家に帰ってこない持山の行動に不安を抱いていた。

＊

「今日は迎えに行きますから。お腹の赤ちゃんと一緒にZ市に帰ってください」

ルリ子から小百合の家にいた持山に電話がかかってきたのは、間もなく昭和五十九年の正月を迎えようという年の瀬のことだった。ルリ子は持山を捜して彼の勤め先や友人宅を訪ね歩き、ようやくその居所を探し当てたのである。

小百合に自分は独身だと伝えていた持山は狼狽《ろうばい》し、その夜はZ駅まで迎えに来たルリ子とともに旅館に泊まった。その後、彼女と暮らすZ市の自宅に戻り、生まれてくる子供のために、小百合とは別れることを決意するに至った。

別れを告げるため、それから十日後にL市の小百合の家に向かった持山だが、別れ話について聞く耳を持たない彼女からベッドに誘われ、数日間をともに過ごしてしまう。

怒り心頭に発したルリ子はL市を訪れ、持山を呼び出した。慌てて車で駆けつけた持山は、大きなお腹のルリ子を乗せて、自宅のあるZ市へと向かう。その車中、車を脇道に停めさせたルリ子は、これまで抑えていた感情を一気に爆発させた。

「私と子供はどうすればいいの？　気が狂いそう。お願い、帰ってきて」

追い詰められた持山は、泣き叫ぶルリ子の首に巻かれたマフラーに手をかけると、力任せに引っ張り……。

自制心のない愚かな男は、こうして取り返しのつかない犯行に及んだのであった。

我が子を殺め、妻をバラバラにして遺棄した夫

男児の死体と女性のバラバラ死体

その男が転落の道を辿り始めるきっかけとなったのは、昭和六十年代に起こした交通事故だった——。

＊

新緑も眩《まぶ》しい春のある日、中部地方某県のI村で、森林組合の職員二人が、植林のための測量をしていたところ、ガムテープで梱包された黒色のビニール袋を発見した。袋の大きさは四十センチメートル四方ほど。ビニール袋の破れた箇所からウエーブのかかった髪の毛が出ていたが、袋の大きさから、彼らはマネキンの髪が捨てられているのだろうと考えていた。

「おいっ、大変だ、あれを見ろ！」

そのうちの一人が前方を指差した。ビニール袋から十メートルほど離れた場所に、明らかに幼児と思われる死体が横たわっているのだ。

そこでビニール袋に入っているのも死体ではないかとの予感を抱いた二人は、慌てて山から下りて警察に通報したのである。

*

「死体は男の子とバラバラにされた成人女性だ……」

死体遺棄現場は斜度四十度近くある急斜面で、幼児の死体はその中腹に転がされていた。一方、女性の死体は衣服を着けたままの状態でバラバラに切断されたようで、首、胸、左右の肩、左右の足の付け根、左右の膝で分けられている。

切断面の状況から、ノコギリとチェーンソーが使用されたのではないかと判断された。後の解剖では、女性の身長は百五十四センチメートル前後で、年齢は二十歳から三十歳、足の甲に座りだこがあった。また幼児は身長約九十センチメートルで、年齢は一歳半から二歳程度であり、この二人は母子であると見て間違いないとの結果が出た。

すぐに所轄のN警察署には捜査本部が設置され、遺留品の捜査及び、家出人や行方不明者の捜査を重点的に行うことになった。また、現場鑑識活動も徹底して行われたところ、捜査員が通常ではそこにあり得ない、緑の葉を付けた小枝四本を発見した。

「おい、それはお供えに使う植物だ。もしかしたら、犯人は被害者と近い人物なのかもしれないぞ」

捜査幹部が言う。

さらに、バラバラ死体を包んだビニール袋のなかに、くしゃくしゃにされた新聞紙が入っているのが発見された。

そこで該当する新聞社に新聞の配布先を問い合わせると、某地域だけで配布されているものだということがわかったのだった。

そのため某地域での行方不明者を検索したところ、G県警を通じて、次のような問い合わせが入っているとの情報が入ってきた。

「G市に住む知人から、この頃うちの娘と孫の姿を見ないとの連絡があったので、娘の家に電話をしてみたが、いくら電話をしても出ない」

そこで、捜査員がその通報を行った家族と連絡を取り、行方不明の娘宅に残されている在宅指紋と、死体の指紋を照合するなどしたところ、発見された被害者の遺体は、G市に住む金子清美と、息子の伸也であることが明らかになったのだった。

肉片がついたままのノコギリとチェーンソー

「清美さんと伸也ちゃんは夫であり父親でもある金子雄二郎と一緒に、アパートで暮らしていたはずだが、そこに夫の姿はない。まずは所在確認をするんだ」

捜査幹部の指示で、捜査員は金子の地縁がある土地へと飛んだ。家族が住むアパートへの検証も行われ、時を同じくして清美の不在を母に連絡した谷口サトミへの事情聴取も行われた。

「×月×日の晩に清美さんと電話で話したので、このときに彼女が家にいたのはたしかです。ただその翌日、用事があって清美さんの家に行ったところ、ご主人が一人で家にいて、『女房と子供は田舎へ帰った』と話していました。それから二週間後、テレビのニュースでバラバラ殺人のことを知り、なにか胸騒ぎがしたので、清美さんの田舎に電話したのです」

また、同じアパートでの聞き込みを行っていた別の捜査員は、サトミが電話をかけた×月×日の夜に、伸也ちゃんがはしゃいでいる声を聞いたが、翌日からは声も聞かない し姿も見ていないという話を得ていた。

さらに別の住人は夫の金子から「田舎のオフクロが倒れたので、妻と子供を帰した」との言葉を聞かされていたことも判明。そのような事実がないことから、金子が妻子を殺害したのではないかという嫌疑が、一気に高まったのである。

そんななか、アパート内の検証をしていた別班から、室内に大量の血痕があるとの報告が上がってきた。しかも血のりや肉片が付着したノコギリとチェーンソーが押し入れ内から発見され、清美の死体の大腿骨に残っていた切り込みと幅が一致したという。

こうしたことから、金子雄二郎に対する逮捕状が発付され、全国に指名手配されることになった。

＊

「雄二郎の身辺を捜索したところ、犯行直後に清美さんの毛皮のコートを入質したり、キャッシュカードを使って二十数万円を引き出していることがわかりました。さらに、クレジットカードで高級ブランド品の眼鏡や、ジャンパーを購入してG市内から姿を消しているようです」

捜査員からの報告が次々と上がり、捜査本部は全国各地の歓楽街やギャンブル施設に捜査員を出張させて、金子の追跡捜査を実施した。そんな捜査体制が敷かれて三日が経った、ある日のこと……。

L市にあるL駅の派出所前に、午前三時半という時間にもかかわらず、男が一人で立っていることに勤務中の警察官が気付いた。ガラス越しに目が合ったところ、男は足早に立ち去ろうとしたことから、警察官は彼を呼び止め、派出所内に同行して、職務質問を行ったのである。

「じつは、人を殺してきました……」

男はやがて、そう切り出すと、自分が母子バラバラ殺人、死体遺棄事件に関わっている金子雄二郎であることを明かしたのだった。

すぐに金子の身柄はN署に護送されたが、彼のポケットには数枚の百円硬貨しかなかった。また、その後の取り調べに際しては、不安よりも、むしろほっとした表情を見せ、胸のなかに溜まっていた感情を吐き出すように、犯行の一部始終を一気に自供したのである。

妻に捨てられるのが怖くて殺した

「交通事故の保険金が入ってきてからというもの、すっかりギャンブルにのめり込んでしまいました……」

二年前に起こした事故によって、金子はまったく仕事をしなくなったのだと語る。

清美は「子供のためにもギャンブルをやめて、真面目に仕事をしてちょうだい」と、ことあるごとに金子に懇願したが、彼はそのつど、「もうやめる。これが最後だ」と言い訳しては、一向にギャンブルをやめようとしなかった。その結果、交通事故の保険金だけでなく、それまでに貯えてきた預金もすべて使い果たしてしまったのだという。

朝方、清美が金子にパチンコ代を手渡しながら、「私、もう疲れた」と口にした日のこと。夕方になって彼がパチンコに負けて家に帰ってきたところ、すっかり嫌気がさしている様子の清美が、一言も声をかけずに夕食の準備に取りかかった。その姿を見た金子は、二人の関係はこれで終わりだと感じたと明かす。

頼りがいのある姉さん女房であり、六年前に駆け落ちまでして一緒になった清美が、自分のもとから離れていってしまうことを、金子は最も恐れていた。そんな金子の頭に浮かんだ打開策は、常軌を逸した悪魔の囁《ささや》きだった。

「去っていく妻と子供を自分の手許に置いておくためには、殺すしかない……」

＊

その夜、静かな寝息を立てる清美と伸也の枕元に、金づちと荷造り用の紐を手にした金子が、二人を見下ろすように立っていた。

しばらくその状況でいた金子は、やがて膝をつき、清美の額に向かって、金づちを渾身の力で振り下ろしたのである。彼女は呻き声を発したが、金子は構わず二度、三度と殴りつける。そしてぐったりした清美の首に紐を巻きつけると絞め上げ、その命を奪ったのだった。

続いて金子は、隣で深い眠りについている伸也の手を、彼の母親の命を絶った紐で縛った。そのうえで、口と鼻にガムテープを貼って手で押さえつけ、数分間で絶命させたのである。

こうして、妻と我が子を殺害した金子は、家を飛び出すと、夜の街に出た。酒ですべてを忘れようとしたのだ。

だが、翌日になると金子は自分が犯した罪の現実を突きつけられる。薄暗いアパートの一室に置き去りにされた二人の死体を、なんらかの方法で処分しなければならない。金子はまず清美の死体を寝室から浴室に運び込むと、家にあったノコギリで切り始めた。しかし、彼女の衣服が引っかかり、作業は難航する。そこで彼はいったん家を出るとレンタカーを借り、ホームセンターに立ち寄って、チェーンソーを購入した。

チェーンソーは、肉の部分を切っているときは比較的静かな音で済むが、骨に達すると材木を切るような大きな音を出す。その音はアパート中に響き渡った。金子は後にその際の心境について語っている。

「たとえ音が外に洩れても、その音が死体を切っている音だと気付く者はいない。絶対に怪しまれないと思っていました。また、最初のうちはなんともいえない嫌な気持ちでしたが、途中からは慣れて、なにか物体を切るような感じでした」

やがて切り刻んだ妻の死体を袋に詰め、息子の死体と一緒にレンタカーのトランクに入れると、山深いB峠に行き、道路から崖下に投げ捨てたのだった。その際に、死んだ二人が成仏できるようにと、お供えのための仏花を投げ入れたのである。金子は言う。

「最初は発見を遅らせるために、バラバラにした死体を三県くらいに分けて捨てようと考えました。でも、途中でどうでもよくなり、一カ所に捨てました」

実際にそのことが捜査の進展を速める結果に繋がったことを、彼が捜査員から知らされることはなかった。

娘の命をカネに換えた父親

娘を「いずれは殺す」と口にしていた

「キャーッ！」

昭和六十年代の梅雨時の夜、東海地方某県Q市の路上を歩いていたカップルが、女性の悲鳴を聞いた。彼らが声の聞こえた方向に目を向けると、そこから二人の男が走り去っていく。

「どうしたのだろう？」

不審に思ったカップルが近寄ると、彼らの視界に飛び込んできたのは、ビルの玄関前で頭部から大量の血を流し、仰向けに倒れている若い女性だった。

救急車が呼ばれ、被害に遭った女性は病院へ運ばれた。しかし、意識が回復しないいま、翌々日の朝五時半過ぎに死亡が確認された。

すぐに所轄であるD署に捜査本部が設置され、捜査が始まった。

被害者の身元は間もなく立岩祥子だと判明する。二十歳の祥子は市内のパチンコ店に勤めており、彼女が殺害されたのは、同系列のパチンコ店に勤める四歳年上の婚約者、花井勇気が住む寮の玄関先であることがわかった。

祥子は五歳のときに両親が離婚。彼女は姉の悦子とともに、父の兼一郎と家族三人で暮らしていた。しかし、祥子は父親とはそりが合わず、高校を一年で中退すると、パチンコ店に住み込みで働くようになり、職場で花井と出会っていた。

祥子の葬儀では兼一郎が喪主を務め、突然の悲報に落胆する花井の姿が、参列者の涙を誘った。

捜査員が祥子の周辺に関する捜査を続けるなかで、意外な事実が浮上する。

それは三年前の夏、兼一郎を受取人とした、災害特約六千万円という、高額な生命保険が祥子にかけられていることだった。

しかも、その保険加入時の状況を調べたところ、兼一郎が嫌がる祥子を説得して契約していたこともわかった。そのうえ、保険外交員が入院給付金付き保険を勧めたが、兼一郎はそれを拒否。災害特約付きの高額保険を選択していた。

悦子は捜査員に語る。

「昭和五十六年の春、妹は父と意見が合わず、家を飛び出したことがあります。そのときに父は『祥子は生きていく資格のない娘で、どうせ死ぬ娘だった』と口にしていました。また、昭和五十八年頃には『祥子は言うことを聞かないから、いずれは殺す。勤め先から寮までの帰り道でなら殺せる』と話しているのを聞いたこともあります」

悦子はさらに涙を流しながら訴えた。

「妹は交際中の花井君と結婚する予定でした。でも、結婚すると生命保険の受取人が変わるので、最後のチャンスと思い、殺したような気がしてなりません。父はずる賢い人なので直接手を下さず、人に頼んで殺らせたに違いありません」

塗りつぶされたメモが手がかりに

「祥子が一、二歳の頃、あの人は保険をかけて殺そうと私に話したことがあります。その際に言っていたのは、『道路を横断中に手を離せ。そうすれば車に轢《ひ》かれて保険金が入る』と……。その後も『あのときに殺っておけばよかった』と口にしていました。いつも暴力を振るい、凶暴性があり、カネのためならなんでもやる性格でした」

兼一郎の元妻までがそうした証言をしたことで、祥子の実父に対する疑いは、ますます強まった。

また、聞き込み捜査のなかで、彼が昔の仕事仲間の数人に、保険をかけている娘殺しを持ちかけ、依頼していた事実も判明した。

兼一郎に定収入はなく、サラ金に借金があるうえ、住居の家賃も滞納している。それにもかかわらず、周囲には来年から新たな事業を始めると話し、近いうちに大金が転がり込むようなことを口にしていたことも明らかになった。

捜査本部では、身辺を内偵するため、二十四時間態勢で尾行と張り込みを開始する方針を立てた。

それと同時に、兼一郎との接触を行い、自宅にある電話メモやアルバムなど、関係書類の提出を依頼し、その内容を綿密に精査した。すると、電話メモのなかにフェルトペンで塗りつぶした箇所が見つかった。

そこには電話番号が書かれていたため、所有者を照会したところ、Q市内に住む山崎秀一という男だと判明した。

また、張り込み中に兼一郎がいままでとは異なる動きをすることがあった。自宅を出て周囲を見回しながら、誰かを待っているような仕種を見せたのである。

すると、それから一時間の間に、兼一郎の自宅の周辺を低速で二回走った車を確認。ナンバーをチェックして使用者を照会すると、こちらも山崎だったことから、兼一郎となんらかの繋がりがあると判断した捜査本部では、山崎の身辺捜査を開始することにしたのである。

その結果、山崎には強盗や窃盗などの犯歴が十一回もあることがわかり、昭和五十九年に刑務所を出所後、いったん職を得たものの、最近になって退職。一緒に暮らしていた内妻と別れて、スナックを営む女性と同棲していることが確認された。

しかし、山崎は捜査員の尾行を察知したのか、同棲相手のもとから忽然《こつぜん》と姿を消してしまう。必死に彼の行方を追う捜査員が、近隣のI市内で山崎の乗る乗用車を発見したのは、それから二カ月後のことだ。

そこでの尾行の結果、山崎が潜伏している地域を確認し、彼が偽名を使って住んでいる住居を突きとめることができた。しかし、山崎が極端に尾行を警戒しているため、離れた場所から監視できる部屋を借り上げ、二十四時間態勢でその部屋の出入りをチェックすることにしたのである。

捜査員の監視によって、山崎は夕方になると車で出かけ、朝方に帰宅するなど、泥棒によくある生活状況を送っていることが明らかになった。そのため前歴同様の、忍び込みや事務所荒らしへの関与が予想された。

また、他県ナンバーの車に乗った男が山崎宅を訪れ、一緒に外出する姿が確認されたため、車両ナンバーを照会したところ、G市に住む中田完治だと判明。この男も強盗や窃盗の犯歴十回を有する男だった。

そうしたことから、山崎は中田と組んで窃盗を敢行している疑いが強いと、捜査員は読んでいた。

捜査本部が彼らの過去の犯行手口を確認していたところ、県下で起きた窃盗事件で目撃者がいたことから、県警が山崎を容疑者として捜査中であることが判明した。そこで密かに目撃者に彼の姿を見せて確認を行ったところ、「間違いない」との証言が得られたため、山崎の発見から一カ月後に、ようやく逮捕に踏み切ることになったのである。

潜伏先で通常逮捕された山崎は、窃盗事件の被害品が発見されたことで観念し、逮捕事実については素直に認めた。しかし、共犯者については頑なに口をつぐむ。

結果として、山崎が中田とともに盗みを働いたことを自供したのは、逮捕から八日後のことだった。だが、今度は山崎の逮捕を知った中田が逃走。Q市内の公衆電話ボックス内にいる彼を発見し、逮捕したのは、山崎の自供から二週間を過ぎてからだった。

初対面の便利屋に娘殺しを依頼

「立岩兼一郎なんて人は知らない」

窃盗事件での起訴が完了し、捜査本部は山崎と中田に対して、〝本件〟である殺人事件での取り調べを始めた。しかし、二人とも兼一郎との関係について頑強に否認を続ける。

とはいえ捜査本部は、すでに差し押さえている山崎の車両内から、表側に立岩祥子の名前、裏側に兼一郎の自宅住所が書かれた紙片を押収していた。

山崎と兼一郎との結び付きに自信を持っていた取調官は、ポリグラフ検査後に山崎を厳しく追及。やがて耐えられなくなった彼は、「この事件は、私が立岩兼一郎に頼まれて、友人の中田と二人で殺りました」と、涙ながらに自供したのだった。

山崎によれば、彼は昭和五十九年に便利屋の仕事をしており、兼一郎から「家のダクトの掃除をしてくれ」と頼まれたのが、犯行のきっかけになったという。

当初、会ったばかりにもかかわらず、兼一郎からいきなり娘の愚痴を聞かされたうえ、「なんとかしてくれないか。娘には多額の保険金をかけてある。礼は十分にさせてもらう」と言われた山崎は、「変な父親だ」と思って彼の依頼を断っていた。しかし、その翌年に独立して自分で便利屋を開業した際に、兼一郎の依頼が頭をよぎり、今度は山崎から連絡を取ったのだった。

そこでも成功報酬の折り合いがつかず、話はまとまらなかったのだが、翌年、中田が刑務所を出所し、たびたび連絡を取るようになると、「立岩と俺がアリバイを作っておけば、中田までは絶対にわからない。交通事故に見せかけて轢き殺して逃げればいい。とにかく立岩に会って話を決めよう」と考え、兼一郎に決行する気があることを伝えたのである。

山崎と兼一郎の間では、保険金六千万円のうち、三分の一である二千万円の謝礼で実行するとの話がまとまり、そのことを中田に話したところ、彼も乗り気だったため、山崎と中田の二人によって、祥子の殺害計画が立てられた。

ところが、実際に祥子の通勤状況を確認したところ、人通りが多くて、轢き逃げという手段は選べないことが判明。その場の思いつきで、寮の上階で見つけたバットで殴り殺す計画に変更されたのだった。

こうした山崎の全面自供を受け、中田も抗うことはできなかった。彼も犯行を全面的に認め、その供述から祥子を殺害する際に使用したバットが発見された。

いよいよ最終局面となり、捜査本部は本丸となる兼一郎のもとへと向かう。

＊

「立岩さん、すべてわかってしまったよ。保険金目的の殺しが……」

逮捕状を内ポケットに入れた捜査員は、玄関先に姿を現した兼一郎に呟《つぶや》いた。しかし自分に累が及ぶことはないと考えていた彼は、顔色を少しも変えずに笑みを浮かべる。そこで捜査員が逮捕状を取り出し、目の前にかざすと、初めて顔を歪ませ叫んだ。

「俺がなにをしたっていうんだ！」

だが、すぐにその両手には手錠がかけられ、実の娘への保険金目的の殺人という、非道な犯行に対する鉄槌《てっつい》が下されたのだった。

兼一郎は逮捕されてしばらくは完全黙秘を続けていたが、やがて耐え切れずに事件の全貌を自供。保険金欲しさの犯行であることを認めている。

また、山崎から、「近いうちにやるからアリバイを作っておいてくれ」という電話を受けてからは、二日間にわたって、自宅近くの初めて行くスナックで、祥子の仕事が終わる午後十時頃から午後十一時頃までのアリバイを作っていたことも自供した。

さらに自宅の家宅捜索では、昭和六十年に、別の人物に祥子の殺人依頼をした誓約書が発見され、兼一郎が保険金目的殺人を企《たくら》んでいたことの、有力な物的証拠となったのである。

第二章

痴情のもつれ

魔性スナックママの正妻殺し

肉体とカネで常連客を言いなりに

昭和六十年代の春のある日、近畿地方の某県にあるS署で窃盗事件の被疑者として取り調べを受けていた幸田一平は、取調官と向き合っていた。

「あんたはこんな窃盗事件だけではない。日高理美子さんの失踪事件や放火事件の容疑もある。もうすぐ嫁ぐ娘さんの将来のためにも、すべてを懺悔《ざんげ》して再出発しなさい。人としての心を取り戻しなさい」

五十四歳の幸田に年下の取調官が諭すように言うと、当初は「何も知らん。勝手にしろ」と否認を続けていた彼は、机に伏して泣き崩れた。

「申し訳ありません。六年前に日高理美子さんを殺してゴミ捨て場に埋めました。それから、スナック『能代』の放火も私がやりました。あと、運輸会社の田中社長の嫁さんを殺して、カネを奪おうとして失敗したこともあります……」

　日高理美子の殺人と放火については幸田に嫌疑がかかっていたが、田中絵里が被害者となった事件への関与については思いもよらなかった取調官は、驚きを顔に出さないように努めた。

「昭和五十五年の暮れくらいから、『能代』に飲みに行くようになり、ママの引地美穂と肉体関係を持つようになりました。当時、ママは常連の日高康司さんと愛人関係にあったのですが、昭和五十六年の春頃に、ママから『日高さんと一緒になるために、嫁さんが邪魔だから殺してくれ』と頼まれたんです」

　幸田は美穂から成功報酬として、彼女の肉体と現金を提示されていたことを口にした。

「田中さんの奥さんの事件も、ママから『田中さんと一緒になるためには、嫁さんが邪魔だから殺してくれ』と頼まれて、殺そうとしました」

　そう自供すると、幸田は日高の妻である理美子の死体を遺棄した場所についての説明を始めたのだった。

　死体遺棄現場とされたのは山間部にある廃棄物最終処分場で、六年前とは様相がすっかり異なっていた。捜査員たちは、当時の関係記録から廃棄物の投棄者を割り出し、昭和五十六年段階での投棄位置を特定した。

そのうえで警察官七十名と、ブルドーザーやパワーショベルなどの大型重機を投入し、大規模な捜索が行われることとなった。

捜索は難航を極めたが、幸田の自供内容に信憑性があると確信していた捜査員は粘り強く作業を続けた。その結果、捜索開始から十二日目に大腿骨と、理美子の着衣とみられるズボンを発見。その翌日には白骨化した死体のほぼすべてを見つけ出したのである。

物証なしの取り調べ攻防戦

気性が激しく、短気で悪賢い。自己中心的で金銭に対する執着が強いうえ、異性関係が派手で、絶えず複数の男を手玉にとる女――。

理美子の死体発掘と並行して、「能代」のママである引地美穂の身辺捜査が行われ、彼女の〝魔性の女〟ぶりが明らかになってきた。

美穂は昭和五十八年の放火により、「能代」を閉店。入院生活やスナックの新規開店、さらには仲居業などを経て、現在はS市内で居酒屋の雇われママをしていた。

彼女は昭和五十六年に理美子が失踪するまでは、日高康司とたしかに交際しており、資産家だった彼と一緒になるためには、妻である理美子が邪魔であると考えるに足る動機があった。

こうした捜査結果から、幸田の供述は信憑性が高く、美穂の容疑は濃厚だとされたが、物証となるものはなかった。そこで捜査員は美穂に出頭を求め、事情聴取を行うことにしたのである。

Ｚ署に出頭した美穂は、五十代後半という実年齢よりも、十歳以上は若く見える体型と色気を保っていた。彼女は平然とした態度で事情を説明する。

「日高さんは昭和五十五年になって『能代』に出入りするようになり、モーテルや自宅で肉体関係を持つようになりました。その後、彼が『一緒になろう』と言い寄ってきたので、当時内縁関係にあった男との手切れ金、三百万円を貢がせたこともあります。ただ、彼の妻だった理美子さんに二人の関係が知られてしまい、一緒になるのは難しくなりました。それに日高さんは理美子さんの失踪後、行方を捜すのに一生懸命になり、私との関係が冷めたため、昭和五十六年十二月頃には別れました」

また、幸田との関係については、彼との肉体関係は認めたものの、「幸田さんがなぜ私を引きずり込もうとするのかわからない」と当惑の表情を浮かべながら、次のように語る。

「幸田さんは陰険で陰湿な性格で、私と日高さんとの関係に嫉妬して、理美子さんに私とのことを告げ口したため、嫌気がさして昭和五十七年頃からはまったく会っていません。そんな相手なので、幸田さんに理美子さんを殺してくれなんて、頼むはずがありません。状況は私にとって不利で、反論する証拠がないのが悔しい。私を信じてもらえないのが悲しいです。私の頭のなかを割って見せたいくらいです」

全面否認する美穂の供述にはところどころ矛盾があったが、その日は時間切れとなった。

＊

翌日、出頭してきた美穂に対して、捜査員はある通話の録音テープを聞かせた。理美子が失踪してから、彼女の生存を装うため、日高家に百数十回かかってきた無言電話とのやりとりを録音したものだった。

それは日高やその子供が泣きながら、「おかあさん、どこにいるの？　教えて？　喋ってよ。帰ってきてよ」と繰り返し訴えている内容だったが、それを聞いた美穂は泣きながら「こんなことをする人は鬼です。犬畜生です。私はかけたことがありません」と、あくまでもみずからの関与については、一貫して否認を続けるのだった。

そうした態度に変化が表れたのは三日目の夜のこと。「たとえ裁判にかけられても、やっていないとしか言いようがありません」と全面否認を続けていた彼女が、これまでとは違う内容の話を始めたのである。

「幸田さんから、理美子さんを殺したという話を聞きました。それに『能代』に放火したのは自分だと打ち明けられました。その後、彼から『お前も共犯や』と脅され、現金三十万円を渡しました。なぜなら、それよりも前に、日高さんと一緒にいるときに理美子さんがやってきて腹が立ったことがあり、『あの女、いなくなったらいいのに。死んだらいいのに』と幸田さんに話してしまったことがあったからです」

そこまでを口にした美穂だったが、それでも「だからといって、幸田さんに殺人をお願いしたことはありません」と、自分が共犯者であることについては、頑なに否認をした。

理美子の死体が発見されたことで設けられた捜査本部では、これまでの美穂の供述内容を協議し、彼女に自供を迫るため、より確度の高い情報を集める聞き込み捜査を、徹底して行う方針が決められた。

その結果、美穂と幸田が事前に理美子殺害を話し合った飲食店の割り出しに成功し、彼女にふたたび出頭を要請することになったのである。

当日、これまで一度も追及しなかった、田中絵里が被害者となった強盗殺人未遂事件について、ポリグラフ検査を実施したところ、美穂からは、強い特異反応が認められた。

取調官は「今日は落ちる」と確信し、美穂の取り調べに臨んだところ、夜になって彼女は両手で机を叩き、大声で泣きながら、「長いこと嘘をつきました。大変ご迷惑をおかけしました。大変なことをしてしまいました」と詫び、犯行の一部始終を自供したのだった。

椎茸泥棒から事件が発覚

当時、上客を求めて次々と男を渡り歩いていた美穂にとって、自分の肉体に溺れている資産家の日高康司は、最上のカモだった。

しかし、小さな町での不倫関係はすぐに彼の妻である理美子の知るところとなり、美穂との密会中に理美子が現れて揉め事となることが何度か起きた。

「この女さえいなければ、日高さんと一緒になれる」

そう考えた美穂は、何度か肉体関係を持って自分の言いなりになる幸田に、理美子の殺害を依頼したのだった。その大胆な申し出に、最初は渋っていた幸田だったが、彼女の肉体とカネを成功報酬として約束されたことで、実行を決意した。

当日、理美子の職場近くで彼女を待ち伏せた幸田は、帰宅しようと自転車に乗って出てきた理美子に声をかけた。

「康司さんと『能代』のママのことで、話があるんですけど」

偶然にもその日の朝、康司から「ママと別れるつもりだ」と聞かされていた理美子は、自分にとっての朗報だと思い込み、自転車を道端に停めると、微塵《みじん》も疑わずに幸田の車に乗り込んでしまう。

「G町で二人が待ってる」

そう言うと、幸田は車を発進させた。やがて車が人気のないG丘陵にさしかかると、そこで車を停め、彼は理美子の首に手をかけた。

「申し訳ない。ママに殺してくれと頼まれたんだ」

そうわめきながら、幸田は理美子の首を力任せに絞め続ける。最初は手足をばたつかせていた理美子だったが、やがて動きが止まり、抵抗はやんだ。

幸田は用意していたロープを理美子の首に巻きつけてとどめをさすと、ロープを巻いたまま、彼女の死体を車から引きずり出し、アリバイ工作のため自宅に戻っている。家族と食事を済ませると、今度は軽トラックに乗り換えて、いったん知人宅に立ち寄ってから、理美子の自転車を回収して現場へと戻った。そこで理美子の死体と自転車を廃棄物最終処分場に遺棄し、人目につかないように、近くにあった材木や瓦、レンガなどをその上に積み重ねて、隠したのである。

幸田はその後も美穂に頼まれて田中絵里を殺そうとしたが、失敗。続いて保険金目当ての放火にも協力したが、次第に彼女から邪険に扱われるようになり、いつしか縁は切れていた。

しかしこの年、幸田がJ郡の農家で椎茸泥棒をして逮捕され、その捜査のなかで、殺人に関与した疑いが浮かび上がったのである。捜査員の執念と、情理を尽くした取り調べによって、過去の悪行がすべて白日のもとに晒《さら》されてしまう結果となる事件だった。

元教え子をソープに沈めた美術教師の毒牙

腐乱後に焼かれた女性の死体

昭和六十年代の秋のことだ。

東海地方某県R市の中古車展示場で発生した不審火の鎮火場所で、焼死体が発見された。消防からの通報を受けて現場に急行したR署の刑事課長以下、現場捜査員はすぐにその死体に不審な点があることに気付いた。

「課長、これはヤバイ」

同署の山口係長が思わず声を上げた。焼け焦げてはいるが、遺体の首元にはタオルが巻かれており、一目見て殺人であることが明らかだったのである。

死体の見分が行われると、被害者は女性で、腹部が膨らみ、顔面が軟化するなど、腐敗が進行していることがわかった。さらに腹部の火傷裂創《れっそう》には生活反応が見られず、死後に火をつけられたことは明らかだった。そのうえ、手首は強く緊縛され、頸部にはタオルと細紐が巻かれているなどの状況から、犯人はどこかで被害者を殺害後、この場所に運び、油性物をかけて火をつけたと判断された。

そこで本件を殺人・死体遺棄損壊事件と断定したうえで、R署に総勢百二十名もの捜査本部が設置されることになった。

＊

死体のそばには、鍵が一つ、スニーカー一足、タオル四十本、ビニールシート二枚が燃え残っていた。

これらの遺留品が、被害者の身元割り出しの重要な決め手となると考えた捜査本部は、流通経路の確認を急いだ。その結果、鍵について、昭和四十六年から五十年までの間にM県の工場で製造されたものと判明。さらに工場の台帳から、遺留された鍵と同一ののが設置されている建物が、十五カ所にまで絞り込まれた。

やがて隣接するN県のマンションを訪れた捜査員が、遺留品の鍵番号と一致する部屋を発見。聞き込みの結果、そこに住むのは二十二歳の元風俗店員・高宮由貴子であることが判明した。さらに調べを続けたところ、由貴子は死体発見の六日前から所在不明だという。

すぐに県警本部機動鑑識班員九名による、室内の検証が始められたが、そこには荷物がほとんどなく、部屋の全体にわたって雑巾《ぞうきん》のようなもので拭かれた形跡があり、指紋等が検出されない。それでも鑑識班員が粘り強く採取活動を続けたところ、ガラス窓の一枚から掌紋《しょうもん》が発見され、無事に採取することができたのだった。

後にこの掌紋が、死体から採取されていたものと一致したことから、被害者は由貴子であると断定。彼女の周辺について、徹底的に捜査するとの方針が立てられたのだった。

すると関係者への聞き込みで、由貴子はかなり貯金をしていたとの情報が寄せられた。そこで彼女の預金口座を調べたところ、失踪から三日後に、R市内の銀行支店にあるCDコーナーで、三十六万円が引き出されていることがわかった。

そのCDコーナーには防犯カメラが設置されていたため、画像を解析したところ、映像に男の姿が認められた。しかし画像は不鮮明で、髪がやや長めの若い痩せ型の男としかわからない。そのため人物の特定にまでは至らなかった。

そうしたなか、由貴子の実家への事情聴取によって、ある男の名前が浮上したのである。

美術教師が見せる不自然なリッチさ

その男、久田茂雄は通勤にはベンツ、レジャーにはジープを使い分けるなど、高校の美術教師という職業には見合わないリッチな生活を送っていた。年齢は三十八歳。彼にはエステ店を経営する妻と三人の娘がいた。

久田は由貴子がかつて通っていた高校の教諭であり、在学中の彼女と親密な関係にあった。それだけではない。由貴子は母親に次のような手紙を出していた。

〈高校を卒業して一年半ぶりに久田先生と会い、ホテルの喫茶店で話し、また会おうと約束して別れた〉

こうしたことに加え、由貴子の周囲を捜査していた聞き込み班からも報告が上げられた。それは、由貴子が親しい知人に「私の彼氏は三十八歳で沢田研二に似ている」と語っていたとの情報や、彼女が男の運転するジープから降りたのを見たという目撃証言だった。

久田が有力な容疑者として浮上したことで、さらに調べを進めたところ、彼が由貴子の失踪と時を同じくして、自身の名義で彼女が居住するビルの上階の部屋を借りていたことがわかった。そしてなぜか、その部屋には長谷川奈美という二十二歳の元看護師の女が住んでいた。

奈美は由貴子と同じく久田の元教え子で、由貴子の一年後輩である。さらには、由貴子の死体のそばに残されていたタオルの一本は、奈美が前に住んでいた家の近くにある神社が、近隣住民に配ったタオルだった。

じつは、由貴子の死体が発見された現場の周辺で行われた聞き込み捜査によって、この頃には、火の手が上がった際の目撃者の証言を得られていた。それは次のようなものだった。

「火のそばに小柄な女が立っているのを見ました。人がいるので火事ではなく、たき火をしているのだと思い、通り過ぎたところ、そこから十メートルくらい離れた場所にジープが停められていて、運転席には人が乗っていました」

＊

「俺はなにも知らない」

死体発見から五日後の早朝、県警の任意同行に応じて取り調べを受けた久田は、頑なに犯行を否認した。

しかし、証拠を小出しにされながら、取調官によって人の道を説かれていくうちに、久田は突然泣き崩れ、涙ながらに自供を始めたのである。とはいえ、久田は由貴子との男女の関係については認めたが、事件の経過の説明になると、我が身かわいさの嘘が数多く見られた。

久田は、由貴子が性病にかかったことをきっかけに異常行動をとるようになり、自分は彼女から言われるままに両手を縛り、タオルを口に押し込んだに過ぎない、との供述を繰り返したのである。

取調官はそのたびに矛盾点を追及し、内容を正していく。結果として、久田が全面自供に転じるまでに、逮捕から十七日間を要したのだった。

教え子を風俗の道へ巧みに誘導

高校を卒業した由貴子が久田と街で偶然に再会したのは、彼女が十九歳のとき。そこで久田は「由貴子は男に騙されやすいから、とても心配だ」と優しく声をかけ、「何かあったら連絡してきなさい」と、元恩師らしい言葉を口にしていた。

しかし、それから数カ月後、仕事をしても給料が安く、「おカネが少しも貯まらない」と愚痴をこぼす由貴子に対して、久田は「泥にまみれて、風俗嬢になって稼ぐしかない」とアドバイスしていたのである。

その言葉を真に受けた由貴子は、昭和五十九年一月にはR市内の風俗店に職を求め、風俗嬢として働くことになった。

　当初から久田を信頼していた由貴子は、「お店で稼いだおカネを貯金してほしい」と、売り上げの大半を久田に預け、彼はそれを自分名義の口座に貯めていた。

「少しなら使っていいよ」

　由貴子のその言葉に甘えた久田は、車の買い替えのための頭金や、他の女との遊興費など、贅沢三昧の生活を送るようになる。久田は同僚の女教師や、かつての教え子であった奈美など、複数の女性と親密な関係となり、ついには由貴子から預かっていた約二千万円のほとんどを、使い込んでしまったのだった。

　そのことを薄々感じていた由貴子は、「誰かとデートして使っているんでしょ。私は知ってた」などと、久田に皮肉を言うようになる。さらには、「私と一緒に東京に行かない？　いまよりもいい生活になるし、先生はなにもせずに、好きなことをしてればいいよ」との誘いを持ちかけるようにもなった。

　やがて由貴子の言動は、さらにエスカレートする。

「奥さんに電話して、いままでのことを話して恥をかかせてやる。校長や近所の人にも先生は風俗嬢のヒモだと言ってやる」

　追い込まれた久田は、「いままで預かったカネは全部返す。頼むから秘密にしてくれ」と、彼女に許しを請うようになった。

だが、由貴子は聞く耳を持たない。それどころか、頻繁に久田の勤務先の学校に電話をかけてくるようになり、家族を捨てて自分を選ぶよう、決断を迫ったのである。

ヌード写真での恐喝が常套手段

学校が休みの日曜に由貴子を殺害しようと考えた久田は、土曜夜に呼び出した彼女に「痩せ薬だ。よく効くらしい」と睡眠薬二錠を飲ませた。それで強気になった久田は、「俺はお前がなんと言おうと女房とは別れないし、東京にも行かない」と口にしてしまう。その言葉を聞いた由貴子は激昂し、「死んでやる。あんたを困らせてやる」と暴れ始めた。

久田は由貴子をなんとかなだめて車に乗せると、あらかじめ用意していた金づちで頭を殴り、紐で首を絞めたうえで、荷台に置いていた木箱に閉じ込めた。

その後、勤務先の学校へと向かい、美術室に木箱を運び入れた久田は、中から呻き声が聞こえたため、どうやって彼女を殺そうかと思案した。

「先生のことは誰にも言わないから家に帰して」

木箱の蓋を開けると、意識がもうろうとしながらも、由貴子は懇願した。そこで久田は「言うことをきくのなら、手を縛らせろ」とビニール紐で彼女の手首を縛った。そして、木箱に閉じ込めて窒息死させるほかないと考え、タオルや衣類とともに由貴子を中に押し込み、蓋を閉めたのだった。

「先生、タオル取って……」

苦しそうな声が聞こえたが、久田は隣の美術準備室に逃げ込み、約三時間後に由貴子の死亡を確認すると、美術室奥の棚に木箱を隠し、日曜の朝にその場を離れた。

普段通り授業を行った月曜の夜、久田は由貴子の部屋に行って指紋を拭き取ると、家出したように見せかけるため、彼女の家財道具を上階にある奈美の部屋に運び入れた。

そして火曜になり、由貴子の亡骸をガソリンで燃やそうと考えた久田だったが、すでに遺体は腐敗が始まっており、強烈な異臭を放っていた。

「臭くて無理だ。助けて」

久田はいちばん新しい愛人の奈美に手伝いを求め、彼女もそれに従い、犯行に手を染めた。久田は木箱を別の場所で燃やすなどして証拠隠滅を図ったのち、新たな〝金づる〟として、奈美に次の言葉を投げかけていたという。

「いずれ俺のところに警察が来るだろうが証拠がない。大丈夫だ。だからお前は風俗店に勤めてこい」

逮捕後、久田がこれまでに他の教え子数人に対して、美術教師という立場を悪用して、〝デッサンのモデル〟との口実で、ヌード写真を撮影。それをもとに恐喝していたことが判明した。なかには数千万円を要求し、払えなければ風俗店で働くように命じていたケースもあったという。

割烹の女性店員をめぐる常連客の猛烈嫉妬

物干し台座で頭をかち割られた死体

昭和六十年代の夏。まだ蒸し暑さの残る午後十一時過ぎのことだ。北陸地方某県K郡に住む会社員の黒原輝夫は、妻の美晴を迎えに行くため、彼女が働くスナック「ハニームーン」の近くにある、町営駐車場に車を入れた。

その際、駐車場に停められている車の脇に、白っぽい服装の男が寝ていることに気付いた。

「酔っ払いだな……」

車を降りて男に近づいた黒原は、顔を覗き込んだ途端、息を呑んだ。

男の額はぱっくりと割れており、そこから夥《おびただ》しい量の血が流れ出ていたのである。しかも、その男は彼の友人で、O町で自動車整備工場を経営する清水文男だったのだ。

黒原は慌てて「ハニームーン」に駆け込むと、電話を借りて一一〇番に通報した。

*

「死因は左前頭部から左目にかけて大きく開いた創傷で、鈍器での強打撲による頭蓋骨骨折を伴う脳挫傷であると思われる」

清水の頭部に残る傷の様子から判断すると、明らかに他殺であったことから、すぐにK署に捜査本部が設置され、その捜査会議では、死因についての説明がなされた。彼の死体のそばには血痕や毛髪の付着した重さ約二十七キログラムの物干し用コンクリート製台座が残されており、これが凶器だと断定された。

また、清水が着ていたのは白っぽいツナギだったが、着衣の乱れはなく、尻ポケットには現金二十五万円が入ったままになっており、金銭目的の犯行ではなく、怨恨《えんこん》によるものではないかとの疑いが有力だった。

捜査本部が清水の当日の足取りを捜査したところ、彼はその日の午後六時半過ぎから、経営する自動車整備工場の従業員三人と、元従業員一人、それに加えて取引先の社員二人と一緒に、スナック「ハニームーン」で飲食をしていた。さらに午後九時からは、同店から歩いて一、二分の距離にある割烹「白かわ」へ二次会に行き、そこで飲んでいた元従業員も交えて、座敷で酒を飲んでいたことがわかった。

その際、居合わせた者の多くがイッキ飲みをして泥酔。若者どうしが喧嘩になったため、清水は仲裁に入り叱りつけている。座がしらけたこともあり、それをきっかけに清水と二人の従業員を残し、他の者たちはタクシーで帰宅していた。

当時、店にいた「白かわ」の従業員は、捜査員に対して次のように証言する。

「店に残った清水さんら三人は、午後十時半頃には帰りました。そのとき店内には飲み客はいなくて、会社の夜勤に出勤する前の桜田由紀夫さんだけが、午後九時頃から来店して、コーヒーを飲んだり、つけ麺を食べたりしていました」

またその後の捜査で、清水と一緒に店を出た従業員二人は泥酔しており、うち一人はそこから自宅まで百メートルほどの距離だったが、帰路を記憶しておらず、もう一人も現場となった町営駐車場に停めた車のなかで寝込んでいた。

清水が「白かわ」内での喧嘩にも関わっていたため、その場にいた全員に厳しい目が向けられ、徹底した事情聴取が行われたが、タクシーの乗車履歴などのアリバイなどがあり、捜査線上からは消されていった。

*

「あの日、店にいた桜田さんに、いまから七、八年前に結婚を申し込まれたんですけど、男として物足りない人だったんで、断ったんですね。それでも、いまだに私のことが好きみたいで、店へ通ってきてるんです。ただ、桜田さんってすごいやきもち焼きで、私がほかの客と親しい素振りを見せると、機嫌を損ねてぷいっと店を飛び出したりして、店内の雰囲気を壊すんで、困ってるんですよ……」

「白かわ」の常連客について聞き込みを進めていた捜査員は、店に勤める香川須磨子に話を聞いていたとき、彼女の口から出た言葉に関心を抱いた。しかも、ここで話に上った桜田は、当日店に居合わせた、唯一の外部の客である。

「その日、殺された清水さんはあなたに対して、どういう様子でしたか?」

捜査員が尋ねると、須磨子は答えた。

「清水さんはあの晩、カウンターのところに来て、私の口のなかに餃子を入れて食べさせたり、帰り際、私に『明日一緒にコーヒーを飲もう』と言ってました。その様子を桜田さんは全部見ていたと思います」

話を聞いた捜査員は、その内容を捜査本部に報告。桜田も疑いのある人物の一人として浮上することになったのである。

店を出た時刻の話題に動揺

「桜田は事件当日、午前〇時出勤の夜勤についており、『白かわ』を出た時間については、事件の翌日に再訪した同店で、香川須磨子さんに対して『午後十一時半頃だった』と答えています。また、事件翌日に桜田宅を訪ねた捜査員に対しても、『午後十一時半頃に店を出て、道端に停めていた自家用車で出勤した』と話し、『事件現場の手前の十字路を右折したので、現場の異変には気付かなかった』と供述しています」

桜田について、捜査本部にはそうした報告が上がっていたため、直接本人に会った捜査員に、訪問時の様子について捜査幹部が問い質《ただ》したところ、捜査員は以下のように説明した。

「桜田は私の質問に対してすらすらと答えましたが、時間の詰めについて詳細に聞き始めたところ、それまで飲まなかったお茶をガブガブと飲み、落ち着かない様子でテーブル上の漬物を食べ始めたため、どこか違和感を覚えました」

その一方で、桜田について捜査を進めていた他の捜査員からも、新たな情報が集まり始めた。

いまだに須磨子に思いを寄せている桜田は、月に二十日は「白かわ」に通い詰めており、事件の数日前には、清水が須磨子に中古自動車をプレゼントする話があり、彼女がそれを他の客に話したため、桜田の耳にも入っていたという。

また桜田は、店を出たのは犯行時間のあとだと供述しているが、周辺での聞き込みを行う地取り捜査の結果、彼が店を出たのは犯行時間の直前頃であり、供述は虚偽のものであることも判明した。

「桜田は現場付近に土地勘があるから、凶器のコンクリート製台座のあった場所を把握している。さらに、事件当夜の被害者の言動から、桜田が嫉妬、怨恨で犯行に及ぶ動機もある。それらに加えて、虚偽の供述をしているのだから、これは任意で呼んで、詳しく調べたほうがいいな」

捜査本部は協議の結果、桜田を重要参考人として、任意の事情聴取を行うことに決めたのだった。

＊

両親と三人暮らしの桜田の自宅を捜査員が訪ねたのは、事件発生から一カ月が過ぎようとしている、大安の日の朝のことだ。

任意同行に素直に従った桜田は、取調室で事件について、まったく身に覚えがないと否認した。

だが、取調官がこれまでに集まった捜査結果をもとに細かく追及していくと、表情が変わり、これまでの供述を一部翻《ひるがえ》し、次のように話した。

「店を出てから、現場手前の十字路を右折して会社に向かったというのは嘘で、じつは現場の前を通っていました。もしそのように話したら真っ先に疑われると思い、これまで嘘をついていたのです……」

とはいえ、それ以上の話になると黙り込んでしまうため、その日は時間切れとなり、桜田はいったん家に帰され、翌日に再度聴取を行うことになった。

そして聴取二日目……。

その日の午後になると、さすがに動揺を隠せなかったようだ。桜田は取調官に対して、ぽつりぽつりと口を開き始めた。

最初に彼が話したのは、母親が心配だということ。続いて、やっと見つけた勤め先を辞めなければならないということを、ため息混じりに洩らした。そして、刑期が何年になるのか、不安で仕方なかったということを言うと、深く息を吸い込み、犯行のすべてを自供したのだった。

募った嫉妬心が爆発した

桜田と清水はともに「白かわ」の常連で、互いに顔見知りだった。

桜田は須磨子に結婚を断られたあとも、彼女への思いが募るばかりで、もう一度結婚を申し込もうと考えていた。しかし、また断られることが怖くて口にはできず、「白かわ」に通って須磨子を眺めては、昂《たかぶ》る気持ちをなだめる日々を過ごしてきた。

そして事件の数日前、彼は清水が須磨子に中古車をプレゼントすることを知る。そこで清水が須磨子に下心を持っていることを感じ、嫉妬心で胸が張り裂けそうになっていた。

事件当夜も清水は須磨子に対してなれなれしく振る舞い、帰り際に「今度、俺と寝よう」と言っていたのを耳にしたと、桜田は恨みがましく振り返る。

清水たちが店を出てから一人になった桜田は、午後十一時頃に黙って店を出て車に乗り込み、出社するために町営駐車場の前を通りかかった。すると、車の脇で寝込んでいる男を見つけ、それが清水だと気付いたのである。

「この男さえいなければ、と思いました。そして、いっそ殺してやろうと……」

そう考えた桜田は、「たしか、物干し用の台座があったはずだ」と思いつき、車で約百メートル離れた倉庫まで行き、倉庫前に積み上げているコンクリート製台座を車に載せ、駐車場に戻った。そして軍手をはめ、台座を熟睡している清水の横に運ぶと、胸の高さにまで持ち上げたのである。

「仰向けに寝ている清水さんの顔の上に、台座を力一杯投げ落としました。その直後、清水さんは『ぐーっ』という声を出しました。私は一目散に車まで逃げ、すぐにその場を離れて、何事もなかったように会社に行き、仕事をしました」

そう自供しながら桜田は、改めて自分の犯した罪の恐ろしさに気付いたのか、全身を震わせた。

しかし、嫉妬心から衝動的な犯行に及んでしまった彼がいくら後悔しようとも、時間を巻き戻す術はなかったのである。

第三章 異常性欲者たち

四歳女児の腹を割いた悪魔

腸が飛び出た姿で発見された幼女

昭和六十年に窃盗で逮捕され服役した男は、出所の直後に事件を起こした——。

「パチンコをしてるあいだに、四歳の娘がいなくなった。捜してほしい……」

関東地方某県のC署に電話があったのは、午後一時過ぎのこと。誰もいない派出所の電話を使い、母親の内田響子が通報したのだ。すぐにC署員が駆けつけると、彼女は狼狽した顔で言った。

「P駅前のパチンコ店に娘の博美と来ていましたが、正午頃に姿が見えなくなったんです。博美の身長は一メートルくらい。髪は長くてポニーテールにしています。目はぱっちりしていて、服装は長袖シャツに毛糸のベスト、長ズボンで、上から下まで全部ピンク色です」

署員はすぐに迷子として管内全域に手配を行い、同時にパチンコ店やその周辺での聞き込み捜査を始めた。すると一時間半後に、捜査員の一人が、C市に住む主婦から、気になる情報を入手してきた。それは次のようなものだ。

「お昼頃、P駅裏の路上で、五十歳くらいの労務者風の男が、ピンク色の服を着た四、五歳くらいの女の子の手を引き、U山の方角に行くのを見ました」

これにより、誘拐事件の疑いが出てきたことから、県警本部の捜査一課が動くことになり、各駅への張り込みや聞き込み及び、被害者の自宅である内田家の電話への、逆探知手配などが行われた。

「U山の山中で幼女が血を流して倒れている」

通報があったのは、捜査員が動き始めて三時間半後。やがて現場に到着した捜査員は、無線で次のように報告した。

「負傷した幼女は、人着《にんちゃく》（人相と着衣）からして内田博美ちゃんと思われる。頸部及び腹部に切創《せっそう》があり、腸が突出している。意識はあり、すぐに救急車の要請を願う」

幼女はすぐに救急車で病院へと運ばれ、そこにやってきた響子によって、彼女の娘であることが確認された。

幼女を誘拐したうえ、殺害を企てた残忍な事案であったことから、県警はただちにU

署に捜査本部を設置、捜査が始まった。

手がかりは「歯並びの悪い男」

「こんな残酷なことをする犯人を野放しにするわけにはいかない。なんとしても早急に捕まえるんだ」

捜査幹部の檄《げき》が飛ぶ。

犯行現場は正規のハイキングコースから獣道を十五メートルほど入った山林内で、付近の雑草は踏みつけられ、周辺の小枝は折れていた。また、草や落ち葉には多量の血痕が付着しており、凄惨な犯行内容を物語る。

鑑識課員が現場を詳細に見分したところ、血痕の付着した落ち葉の上に、「特撰」と書かれたシールが貼られた透明ビニール袋が発見された。さらに、刃物を包んでいたと思われる防錆紙《ぼうせいし》と、血痕が付着したちり紙、裾に黒色で「I」との印が押された灰色のジャンパーが見つかった。

一方で、聞き込みを行っていた捜査員にはさまざまな情報が寄せられる。

「午後十二時半頃、T町にある公衆電話ボックスの前で、グレーのジャンパーを着た五十歳くらいの男が、ピンク色の服の小さな女の子の手をつかみ、『お母さんを呼んだよ』と言っていました」

「妻とハイキング中、五十歳くらいで身長百六十二センチメートルくらいの痩せ型で白髪交じり、歯並びの悪い男が、ピンク色の服を着た女の子を連れていて、時間を聞かれたので『午後一時二十分』と答えました」

「午後二時三十分頃、ハイキングコースのそばにある畑で腐葉土を作っていたとき、五十歳くらいで身長百六十センチメートルくらい、白髪交じりの頭で、歯並びの悪い労務者風の男が、小枝を見せながら『榊《さかき》を取ってきた』と言っていたので、『それは椎《しい》の木だ』と教えてやりました」

　こういった情報が寄せられ、ピンクの服を着た幼女について複数の女児が写った写真で確認すると、目撃者はいずれも博美の写真を指差した。さらにこれらの情報を総合して、本件容疑者の容姿について、捜査本部では一定のイメージを固めたのだった。

＊

「凶器がわかりました！」

　遺留品である「特撰」シール付きのビニール袋と防錆紙の捜査を行っていた捜査員は、防錆紙の形状からそれが手鋏《てばさみ》で、ビニール袋の大きさから、剪定鋏《せんていばさみ》の可能性が高いことを聞き込んでいた。

そこで刃物店での聞き込みを行っていた捜査員にその情報を流したところ、間もなくC市の商店街にある刃物店で、遺留品と同一形状のビニール袋と防錆紙を使った剪定鋏が売られているのを発見した。

さらに同店の店員に、最近この鋏を売った人物について尋ねたところ、店員は答えた。

「一週間前の午前十時半頃、白髪交じりで歯並びの悪い労務者風の男が、この剪定鋏を買いました。男は代金を払うとき、穿《は》いていたズボンを膝のあたりまで下げ、腹巻のなかからおカネを取り出したので、憶えています」

犯人の足取りが確認されたこの商店街で、徹底的な聞き込みを行ったところ、容疑者と思しき外見の男が、「浴衣姿でいたのを見た」との情報が入った。そこで、周辺の宿泊施設にも範囲を広げたところ、S町にある連れ込み専門の旅館で、新たな証言が飛び出した。

「×月×日から二泊した客が、スポーツバッグを置いて出ていったまま帰らず、宿泊代金三千円を踏み倒された。その客は歯並びの悪い白髪交じりの五十歳くらいの男で、自分のことを『斉藤』と名乗っていた」

すぐにそのスポーツバッグを確認したところ、黒く「I」と印されたズボン、パンツ、シャツがあった。それは犯行現場の遺留品にあったジャンパーと同じ印である。

さらに、旅館の主人が記憶していた「斉藤」という姓の、同年代の性犯罪の前歴者を抽出したところ、一人の男が浮かび上がってきた。

それは斉藤道成という五十八歳の男で、幼女誘拐の前歴があるうえ、歯並びが悪く、しかも出生地や前回の逮捕時の住所から、現場付近に土地勘があることがわかり、彼の本件における容疑が濃厚となったのである。

しかも、旅館の主人に協力を得て逃げた男の似顔絵を作成したところ、斉藤の被疑者写真と酷似しており、同主人に斉藤を含む九人の写真を見せたところ、迷うことなく斉藤本人の写真を選んだのだった。

さらに犯行現場で見つかったビニール袋に付いていた指紋が、斉藤の左手人差し指と合致したことから、捜査本部は斉藤に対する、未成年者誘拐並びに殺人未遂罪での逮捕状を取り、追跡を行うことになったのである。

「体に触りたくなってしまいました」

「おい、奴が帰ってきたぞ」

捜査本部は全国に斉藤を指名手配し、潜伏先となる可能性のあるドヤ街に捜査員を派遺する一方で、C市にある実家にも捜査員を配置していた。すると斉藤が夜十時近くになって、実家に姿を現したのである。

実家の玄関前で捜査員に囲まれた斉藤が逮捕されたのは、事件発覚から七日後のことだった。

「斉藤はこれまでの二十五回の逮捕歴のうち、実刑判決は十三回ある。通算すれば三十年以上刑務所で暮らした男だ。取り調べにはそうとう苦労することが予想されるが、なんとか頼む」

捜査幹部の予想通り、斉藤は当初から犯行について、頑強に否認した。

「証拠があるのなら、勝手に調べればいいだろう」

そう取調室でふて腐れた態度を取る斉藤に対し、取調官は粘り強く挑んだ。すると徐々に表情に変化が表れてきた。そこで畳みかけるように証拠を並べていく。やがてここまで知られたら逃げられないと観念したのだろう、斉藤は「すみません」と口にしてから、犯行についての自供を始めたのである。

「出所してからまず女を買い、それから仕事を探すために、勝手知ったるC市にやってきました。そこで住み込みの植木職人でもやろうと、剪定鋏を買って職安に行きましたが、思ったような職場がなく、仕方なしに連れ込み旅館に泊まることにしました。しかし、貯えたカネを使い果たしてしまい、宿泊費が払えなくなったので、『今晩も泊まる』と嘘をついて、スポーツバッグを置いたまま旅館を出たのです」

仕事を探すため、歩いてドヤ街を目指したそうだが、その際にP駅近くのパチンコ店前で、博美を見かけたのだという。

「ピンク色の服を着た、目がぱっちりした四歳くらいのかわいい女の子が一人で遊んでいて、その子を見ているうちに、体に触りたくなってしまいました。そこで『おもちゃを買ってあげるから、おじさんの家に行こう』と声をかけたところ、ついてきたんです」

斉藤は博美の手を引いて、U山へと向かった。見知らぬ子供を連れ歩いていることを怪しまれないよう、途中で行き交う人々には、時間を尋ねるなどしていた。

「ハイキングコースから枝道に入ったところで、女の子を寝かせて体を触っていると、突然大声を上げて泣き出しました。それで、このままではまた捕まって刑務所に戻されてしまうと考え、殺そうと思ったのです」

斉藤が泣き叫ぶ博美の首を絞めると、目を白黒させて、手足をばたつかせたあと、ぐったりした。

「息を吹き返さないように、完全に殺してしまおうと思い、ズボンの後ろポケットから剪定鋏を取り出し、その刃の部分で喉と腹を刺しました。それから鋏や手についた血をちり紙で拭き、山道を急いで下りましたが、途中で何気なく振り返ると、殺したはずの女の子が上半身を起こし、大きな目で自分の方を見ているような気がしたんです。それで恐ろしくなり、無我夢中で脇の沢に飛び下り、下流に逃げました」

斉藤はその後、実家に立ち寄って現金とジャンパーをもらい、ドヤ街を目指したという。彼は振り返る。

「子供の苦しそうな表情や、逃げるときに上半身を起こしていた姿が頭にこびりついて離れず、夢遊病者のように歩き回りました。翌日、食堂のテレビで初めて女の子が生きていることを知り、ほとぼりが冷めるまでドヤ街に隠れていようと思っていました……」

被害者の博美は頸部切創（長さ六センチメートル、気管切断）、顔面うっ血（頸部に扼痕《やくこん》）、腹部切創（長さ六センチメートル、腸露出）と瀕死の状態だったが、早期の発見が幸いして、なんとか命はとりとめたのである。それはまさに奇跡ともいえる生還だった。

女子高生を殺めた緊縛フェチ男

布団カバーとともにいなくなった娘

昭和六十年代の冬。間もなく年の瀬を迎えようとする田舎町で、その事件は起きた。

「高校一年生の娘が昨日からいなくなった……」

九州地方某県B郡に住む建設会社に勤務する山中敏夫が、近くの駐在所に駆け込んできた。

駐在所員が話を聞くと、十六歳になる娘の綾子が昨日から姿を消しており、前から楽しみにしていた友人宅でのパーティにも参加していないという。山中は、夫婦で近隣や娘の立ち寄りそうな所を捜したが、手がかりは見つからなかったと嘆息した。

説明の内容に事件性を感じた駐在所員は、所轄であるB署の防犯係に報告。すぐに刑事が派遣され、山中夫婦から事情を聴くことになった。

「綾子の敷きっ放しになっている掛布団のカバーがなくなっている。それと、机の上にあった生徒手帳のなかから、心当たりのない男の名刺が出てきた」

綾子の母である容子は刑事に対し、そのように説明した。さらに、居間のテレビやこたつのスイッチがつけっ放しになっており、こたつの上には食べ残しのアイスクリームがそのままになっていたこともわかった。

両親への聴取と同時に、学校関係者や綾子の友人たちにも聞き込みが行われた。すると、失踪当日のパーティに一緒に参加する予定だった同級生の木戸幸代から、「午後一時半頃に電話を入れたが、二十回くらい呼び出しても出なかった」との証言を得た。

綾子に家出する理由がなく、失踪時の室内の様子が通常の外出時とは違うことから、事件に巻き込まれた可能性が高いと判断したB署は、地元消防団の協力も得て、自宅付近の捜索や周辺での聞き込みを行った。

その結果、失踪当日の午後二時頃に、山中家の敷地内に白いワンボックス車が停められていて、横には二人の男がいたとの目撃証言が上がってきた。

証言内容から判明した車種は県内に一万台以上あり、捜査員たちは年末年始の休暇を返上して、懸命の追跡捜査を行ったが、該当車両は特定できなかった。

一方で、綾子の生徒手帳に入っていた名刺の男に対する捜査も進められたが、この男については、彼女の失踪には関係していないとの結論に達した。

綾子が失踪してから十二日が経ち、捜査は膠着《こうちゃく》状態にあった。そんなB署に、彼女の自宅から約百キロメートル離れた真冬の海上で、女性の遺体が発見されたとの一報が届いたのである。

全裸でエビ状に縛られた無残な遺体

「人間の死体が入っているのではないか……」

漁に出るため、船を係留しているN港へやってきた漁師の沖田巌は、船溜まりに青色ビニールシートで包まれて針金でくくられた、大きな浮遊物が漂っているのを見つけた。目を凝らすと、透明度の高い海水のなかで、その浮遊物の下にコンクリートブロックが付けられているのが見える。

沖田は不吉な予感を抱き、中身を確かめるまでもなく、警察に連絡を入れた。連絡を受けたE署員がN港へと出向き、岸壁から浮遊物を引き上げる。浮遊物にはコンクリートブロックが三つ付けられていた。

浮遊物はすぐにE署の駐車場に運び込まれ、ビニールシートが解かれた。すると、周囲には腐敗臭が漂い、その内側の白い布と透明のビニール袋のなかには、全裸の若い女性の死体が入っていたのである。

死体の足首はパンティーストッキングで縛られ、両手はロープで後ろ手に縛られていた。そのうえで首と膝に帯をかけて二つ折りにして、エビ状に縛られるという、無残な状態だった。

死体は腐敗が進み、顔から判別するのが難しい状態であることに加え、なにも身につけていない。そこで指紋による身元確認が行われ、その結果、綾子であることが確認されたのである。

そのためすぐに殺人・死体遺棄事件としてB署、E署の合同捜査本部が立ち上げられ、捜査が開始されることになった。

＊

その後の遺留品捜査により、綾子の死体を包んでいた白い布が、彼女の部屋からなくなっていた布団カバーであることが判明した。

また、山中家での現場鑑識作業により、屋内からはプラスチックの破片や繊維片、毛髪などが採取され、百以上の「現場指紋」も採取された。これらの指紋は家族や親族、友人などの「関係者指紋」と対照され、それらに当てはまらない幾つかの指紋が「遺留指紋」として残された。

　山中家では綾子が失踪する二カ月ほど前に、太陽熱温水器を取り替えていた。その際に室内で冷蔵庫などを移動したということから、工事をしたA社とも連絡を取り、全社員の指紋を採らせてもらった。

　すると、冷蔵庫の裏から採取した掌紋《しょうもん》が、A社の引地邦夫という四十四歳の社員のものと一致したのである。

「太陽熱温水器の取り付け工事のために数回、同僚と一緒に山中家に行き、屋内配管工事をするときに冷蔵庫を移動したので、自分の指紋はそのときに付いたのだと思う」

　引地はそのように説明。綾子の母も屋内配管工事について、引地が話す通りの工程だったと認めた。そのため、引地の存在は捜査線上から消えかかった。

　しかし、山中家に出入りした人物を捜査する捜査員は、室内の状況から、純然たる「流し」の犯行であるとは考えられないと見ていた。そのため、念のために引地の犯歴を照会したところ、驚くべき結果が出てきたのである。

　引地にはこれまで二件の前科があり、それらは逮捕監禁や強姦、強盗傷害など、いずれも女性が被害者となる事件だったのだ。

　捜査員はすぐに、犯行内容を記した「手口原紙」を取り寄せ、当時の取調官に問い合わせた。すると、両事件ともに紐を使用したり、目隠しをするなど、特異な性癖があることがわかった。

〈残虐性があり、性的犯罪に関する本を耽読《たんどく》しており性的異常が見られる〉

「手口原紙」に記されたこれらの文言を見て、捜査員は真っ先に、ロープで緊縛されてエビ状に折り畳まれた、綾子の遺体の無残な状況を思い浮かべていた。

＊

仕事ぶりは真面目で、社長の信頼も厚い男——。

引地のA社での評判は良かった。捜査本部は秘密裡に引地の行動確認をしながら、職場関係者への協力者工作を粘り強く続けた。

その結果、彼が事件当日から三日間にわたり、会社を休んでいたことがわかった。さらに、使用していた車に、短期間のうちに六十リットルもの給油をしていたことや、綾子の遺体発見時には出社していたが、その翌日から数日間は、仕事を休んでいたこともわかった。

捜査本部は引地との直接対決の日を決め、来《きた》るべき日のために準備を進めた。

その日、午前八時に自宅を訪ねてきた捜査員に対し、引地は素直に任意同行に応じた。

E署に着くと、すぐにポリグラフ検査が行われ、そこで検査官が出した結論はクロ。つまり、引地が事件に関与した可能性は極めて高いというものだった。

取調官はこれまでの捜査内容とポリグラフ検査の結果を受け、自信を持って引地と対峙した。

「俺が前（科）持ちだから疑うんだろう。あの家には工事に行ったことがあるだけだ」

引地は頑なに犯行を否認する。取調官は引地の話をじっくり聞きながら、人の道を説く言葉を続けた。すると、引地は徐々に落ち着きをなくした動作を見せるようになってきた。その変化を見た取調官は、すかさず引地に、被害者を成仏させるよう諭したのだった。

「……すみません。私が殺しました」

すっかり肩を落とした引地は、犯行状況について、淡々と話し始めた。

泥棒に入ったはずがミニスカ姿に欲情した

「最初はカネが目的だったんです」

勤務先で高い評価を受けていた引地は、さらに成績を上げるため、自分の給料を材料の仕入代につぎ込んでいた。そのためカネの都合がつかなくなり、あの日、盗みを考えて会社を早退。担当地域の家を物色していたのだという。そこで思い出したのが、以前仕事をした山中家だったのだ。

誰もいないと思い、玄関のドアを開くと、鍵はかかっていなかった。そこで足を踏み入れたところ、奥から出てきた綾子と鉢合わせたのである。

綾子は青いブラウスに黒いミニスカートという姿。最初はしまったと思った引地だったが、彼女の姿に劣情をかき立てられ、奥の部屋に無理やり連れ込んで、背後から抱きしめようとしたのだった。

そのとき、家の電話が鳴り、このままでは人が来るかもしれないと考えた引地は、抵抗する綾子を無理やり車に乗せ、手足をパンストで縛る。それから屋内に引き返し、綾子の部屋から布団カバーを持ち出して彼女に被せ、車を運転して河川敷まで運んだのだった。

車を停めると綾子に抱きつき、下着を膝のあたりまで引き下げたが、彼女は激しく抵抗する。そのためこの場での強姦を諦めた引地は、綾子に対し「もうしないから」となだめて、車を走らせた。しかし、彼女は大声を出し続ける。このままでは誰かに気付かれると心配した引地は、人気のない道端に車を停め、背後から左手を彼女の首に巻きつけると、右手で鼻と口を押さえつけた。

「顔を見られてるし、このままではまずい」

引地の脳裏に悪魔が囁《ささや》いた。そして数分間にわたって同じ姿勢を続けていたところ、「ぐっ!」と綾子の喉から声が洩れ、急に体の力が抜けた。それでも引地が力を緩めないでいたところ、彼女は口から泡を出し、息をしなくなっていたという。

その後、死体をいったん家に持ち帰った引地は、身元がわからないように綾子の衣服をすべて剝《は》ぎ取ると、ロープや帯でぐるぐる巻きにして、布団カバーと青色ビニールシートで包み込んだ。そして翌々日の日没後に、コンクリートブロックを結わいつけた状態で、N港に遺棄したのだった。

引地は取調官に次の言葉を告げてため息をついた。

「死体を捨てたあと、一日として心が休まることはありませんでした……」

しかしすでに、後戻りをする道はすべて閉ざされていたのである。

〝熟女好き強姦魔〟第三の殺人〟

畑で見つかった四十四歳主婦の白骨死体

「畑のなかに死体があります……」

昭和五十年代の初秋、九州地方某県G郡の消防署にそんな電話が入ったのは午前八時過ぎのこと。

通報者はよほど慌てていたのか、警察への一一〇番ではなく、消防への一一九番をダイヤルしていた。指令台の署員は相手を落ち着かせ、状況を詳しく聞くと、所轄のG警察署に通報した。

捜査員が現場へ急行すると、ミカン畑の外れに、うつ伏せの姿勢で手足を伸ばした白骨死体があった。死体は紺色のツーピースを着ており、年齢は三十歳から四十五歳と推測される女性だった。

自他殺の判別は困難な状況だったが、死体の近くで手提げ袋が発見され、そのなかに財布が見当たらなかったことから、事件性が疑われた。

やがて死体の身元はすぐに判明する。家出人捜索願を出されていたH市の主婦、橋本加奈子だった。四十四歳の彼女は、定職に就かない夫と二人の子供を抱え、パート店員として生活を支えていた。

死体発見の一カ月前、加奈子はG郡にある実家の盆の準備のために帰省しており、午後二時過ぎに実家を出て以来、行方不明となっていた。

加奈子には家出をする理由がなく、犯罪被害者となった可能性が高いため、県警はG署に捜査本部を開設。本格的な捜査が始まったのである。

農作業中の年配女性へのワイセツ事案が頻発

現場周辺の聞き込み捜査が続けられるなか、近隣のJ郡で、農作業中の年配の女性にワイセツ行為をはたらく事件が発生していたことが判明した。

それは、ミカン畑で農作業をしていた主婦の山中美由紀が、ミカンの木の下に連れ込まれたというもので、犯人は四十歳くらいの男だった。男は美由紀の激しい抵抗にあい、白い車で逃げ出したという。

しかし、それ以上の捜査の進展はなく、時間だけが過ぎていく。いつしか年をまたいで翌年になった春先のある日、捜査本部に加奈子の死体発見現場の近くで、類似する事件が起きたとの一報がもたらされた。

わずか一キロメートルしか離れていないJ郡にあるミカン畑で、農作業中の五十歳の主婦が、四十歳くらいの背が低い、緑色の作業着姿の男に襲われたのである。

男の作業着の胸にはマークが刺繡《ししゅう》されていたというが、その主婦はどうしても思い出すことができなかった。そのため目撃者を求めて、捜査員が近隣での聞き込みを行ったところ、その直前に隣町に住む五十三歳の主婦が痴漢に襲われたとの情報が寄せられた。

すぐに捜査員が被害に遭ったという熊本聡美のもとを訪ねると、彼女は白い車に乗った男に襲われそうになったことは認めるものの、それ以外の特徴については口ごもる。

聡美の表情の変化に気付いた捜査員は、連日のように彼女のもとを訪ねては説得を重ねた。しかし五日目頃から、聡美は捜査員を家に入れなくなり、面会を拒むようになった。

そこで聡美の夫を説得する方法に切り替えたところ、地域の農業委員だった夫は、その申し出を快諾した。

「男の作業着の胸には、Xトラックという会社名と、前田という苗字が刺繡されていたそうです」

翌日、聡美に話を聞いた夫から捜査本部に電話が入った。彼女はあまりにも鮮明に名前を記憶していたため、犯人逮捕に繋がって、自分に累が及ぶことを恐れ、証言を拒んでいたのだ。

Xトラックはすぐに割り出され、捜査員は会社の事務所を訪ねた。そこで従業員名簿の提出を求め、渡されたコピーのページをめくっていく。するとそのなかに、H市に住む前田雄介という男の名前が認められた。

前田は三十九歳で、緑色の作業着をいつも着ており、白い乗用車を所有。背は低く、外見もこれまでの目撃証言と合致していた。さらに前田の旧姓は篠田といい、前歴十三回の窃盗常習者であることも判明した。

捜査本部では前田の行動をしばらく内偵することに決め、張り込みと尾行を繰り返したが、なかなか犯行に繋がる行動を見せない。そこで山中美由紀が被害に遭った事件で、逮捕することにしたのである。

強制わいせつ致傷容疑で逮捕された前田は、逮捕事件の取り調べに対して素直に自供。さらに余罪を追及したところ、七件の強姦及び強姦未遂事件を自供した。

しかしこれは、十三回もの前歴を有する前田の計算が働いたものだった。殺人が警察にバレていないならば、別件だけを素直に自供して服役することで、二度と殺人で追及されることはないだろうと考えたのである。

前田の犯行手口から、殺人事件への関与の確信は深まったが、捜査本部はあと一歩を踏み出せずにいた。そこで前田の生い立ちから周辺までを調べ上げたところ、彼の年上の内妻が病弱で、彼女を一人残して服役することを憂えていることがわかった。

捜査員は内妻を入院させるために奔走し、生活保護の手続きにも手を貸した。前田はそのことを取調官から聞かされて恩義に感じ、取り調べに素直に応じる姿勢を見せるようになったのである。

しかし、それは留置場でのある出来事で一転してしまう。朝の洗面のときに、同房者がすれ違いざま「あんた、G郡の殺しで調べられるよ」と耳打ちしたのだ。

それ以来、前田は体の不調を訴え、取り調べを拒否するようになってしまう。

自慢気な殺人自供への違和感

前田の態度の変化に手を焼いた捜査本部は、ポリグラフ検査を行うことを決めた。そこで検査官が質問するなかで、白骨死体の着衣を含めた五種類の服の写真を見せ、すべてに「いいえ」と答えさせようとしたところ、前田は紺色のツーピースの写真を見るなり、あることを呟いた。

「たしか、ミカン畑で殺した女が着ていた服だ」

口に出してから、前田はしまったとの表情を見せたが、後悔先に立たず、検査官に追及された彼は観念して口を開く。

「たしかにこの服でした。G郡の殺しは、私がやりました」

その場で検査は打ち切られ、G署の取調室に戻された前田は、橋本加奈子の殺害を認め、犯行時の状況を自供したのだった。

それによると、昭和五十七年の夏、前田は女性の一人歩きを狙って車でG郡を物色していたところ、汗を拭きながら山道を下ってくる加奈子を見かけた。盛夏ということもあり、「暑いでしょう。クーラーもついてるから、車で送ってあげますよ」と声をかけ、彼女を車に乗せたのだった。

やがて車をミカン畑に停めて加奈子を強姦しようとしたが、彼女は「体の具合が悪いから」と哀願し、許しを請う。そこで前田が躊躇《ちゆうちよ》したところ、車から飛び出して逃げようとしたのである。

慌ててあとを追いかけた前田は、必死で逃げる加奈子を捕まえると、馬乗りになって下着を脱がし、強姦しようとした。すると彼女が唾を吐きかけて抵抗したため、かっとなり両手で首を絞めたところ、殺してしまったというのが、犯行のあらましだった。

死体を遺棄すると、加奈子の手提げ袋にあった財布を抜き取り、そのカネで缶コーヒーを買ったことや、自宅に帰ってから内妻に顔にできた傷について聞かれたことなど、どこか自慢気に語る前田の姿に、取調官は違和感を抱いた。

（これは初めて人を殺した犯人の態度じゃない。こいつは、他にも殺しをやっているはずだ――）

そう確信した取調官は、あえてはっきりと切り出すことにした。

「Z町の事件もお前がやっただろう？」

前田ははっとして、一瞬口ごもったが、言い逃れの言葉が浮かばない。しばらくうつむいて唇を嚙むと、口を開いた。

「すみません。Z町の事件も私がやりました」

それは、二年前の夏に、Z町の海岸でホットドッグを販売していた四十五歳の笠井涼子が、松林のなかから絞殺死体で発見された事件だった。

このとき前田は、やはり強姦目的でバイクに乗って町を徘徊。海岸で涼子を見かけると、松林に二時間潜んで、人影が途絶えるのを待ったのだという。

やがて深夜になり、彼女が帰り支度を始めたところで、前田は「パンをください」と声をかけた。客だと思い、愛想よくドアを開け、パンを取り出そうと涼子が背を向けたところ、前田はいきなり彼女を羽交い締めにして、近くの松林に引きずり込んだのである。

強姦しようと前田が涼子に馬乗りになると、彼女は大声を上げて抵抗した。そこで事件の発覚を恐れた彼は、とっさに両手で首を絞めると、絶命してしまったのだった。

その後、前田は周囲にあった枯れ草を涼子の死体にまんべんなくかけて隠すと、彼女の車内にあったバッグを盗み、車のエンジンキーを抜き取ってポケットに入れ、バイクでその場を離れていた。帰宅してから、前田は自分のシャツの胸のボタンが取れていることに気付いたと語る。

約二年前の犯行にもかかわらず、前田の記憶は鮮明で、彼は自身の犯行について詳細に供述した。

涼子の死体が発見された際、鑑識活動によって、枯れ草に埋もれていた緑色のボタンが採取されており、証拠保全されていた。それが前田の証言の裏付けとなった。さらに、彼の供述に基づいて涼子の車のエンジンキーも発見され、犯行の証拠品とされた。

また、先の加奈子が被害者となった事件では、前田が抜き取った財布を捨てたという場所を、四日間にわたって捜索。その財布の発見には至らなかったが、前田が顔につけられた傷については内妻から証言を得られており、本人の自供もあることから、殺人事件として立件可能との判断が下された。

捜査員が歯ぎしりした痛恨の不起訴

前田には、二人の女性に対する殺人罪のほかに、強姦未遂罪と窃盗罪も加えられ、のちの公判では求刑通りの無期懲役判決が下っている。彼はその判決について控訴せず、刑はすんなりと確定した。

だがじつは、捜査員が前田の判決結果に満足しているかといえば、そうではなかった。というのも彼は、取り調べのなかで、三人目の女性の殺害を自白していたのだ。それはZ町の事件の二年前に発生した、六十歳の鎌田サキがH市内の公園で絞殺された事件である。

取調官の追及に対して、前田は「L公園で女を殺したのも私です」と犯行を認めていた。しかし、事件が発生したのは四年前のことであり、前田の犯行に繋がる証拠品は発見されなかった。そのため前田の証言による〝秘密の暴露〟に当たる状況証拠のみで、検察に殺人罪で送致せざるを得なかったのである。

二件の殺人ならば無期懲役もあるが、三件となれば死刑は免れられない。

そうしたなか、前田は検察庁での取り調べが始まると、サキが被害者となった事件について、全面否認に転じたのだ。

同地検はあらゆる要素を検討したうえで、以下の三つの判断でサキの事件についてのみ、前田を不起訴処分とせざるを得なかった。

・被疑者は、検察官に対しこれまでの自白を翻《ひるがえ》して全面否認に転じた

・被疑者を犯人と特定する証拠がなく、罪体と被疑者を結び付ける唯一の証拠は警察取り調べ段階の自白のみである

・被疑者の自白に対する裏付け証拠は、実況見分調書、死体解剖鑑定書の客観的証拠によって、捜査官が予備知識を有している事実関係に限られており、その自白には信用性がない

それはまさしく、捜査員たちの歯ぎしりが聞こえてくるような結果だったのである。

殺人犯は葬儀委員長

未解決事件の三年後、女子高生が消えた

昭和六十年代の冬、山間部のとある町で女子高生は事件に巻き込まれた。

午後六時過ぎ。関東地方某県O市にある高山剛志刑事の自宅に、三年前に近隣で発生した殺人事件の捜査で顔見知りになっていた坂口家の夫婦がやってきた。

「やあ、どうしました？」

なにやら思い詰めた様子の夫婦は、意を決したかのように切り出した。

「じつは娘の早苗が、今朝学校に出かけたまま、まだ帰ってこないんです」

聞けば、坂口家の長女で十六歳の早苗は、今朝もふだん通りに登校したという。しかし帰りが遅いことを心配した母親が学校に電話を入れると、「休んでいます」と言われたというのだ。

「心当たりを捜したんですけど、見つかりません。家出するような理由もないですし、娘になにかあったのかと思うと心配でたまらない。そこで高山さんに相談してみようと……」

夫婦の言葉を聞いた高山刑事は、すぐに身支度を整えると、彼らを促して一緒にO署へと向かった。

高山刑事が坂口夫婦と知り合った三年前の事件とは、自宅近くで自転車に乗って遊んでいた幼い男の子が行方不明となり、三カ月後に約三キロメートル離れた雑木林で、変わり果てた姿で発見されたというもの。被害者の自宅近くに住む坂口家を何度も訪れたことで顔見知りとなったが、事件そのものは手がかりが少なく、いまだに解決されていなかった。

高山刑事は、夫婦の話からその事件の記憶が頭をよぎり、胸騒ぎを覚えていた。

O署に着くと、高山刑事は当直主任に事情を説明。その後、坂口夫婦に対する事情聴取も行われたが、早苗の素行に問題はなく、男性関係や家庭内でのトラブルもないことから、なんらかの犯罪の被害者となっている恐れのある「特異家出人」と判断された。

そこでO署では署員を招集し、自宅から学校までの道のりでの聞き込み捜査や、学校関係者、友人、親族等への聞き取りを開始した。

しかし、これといった有力な情報がないため、早苗が犯罪に巻き込まれた疑いが極めて高いと判断した県警は、その夜のうちに県警本部から捜査員を派遣し、マスコミなどに事件を察知されないようにする「秘匿捜査」を行うことになったのである。

執念の鑑識活動で見つけたタイヤ痕と毛髪二本

坂口家は工員の父とパートに出ている母、そして早苗と中学二年の妹の四人家族。木造平屋建ての家に住む、ごく普通の家庭だった。早苗は校内でトップクラスの成績に加え、笑顔の絶えない明るい美少女として、周囲では知られていた。

早苗の学生鞄や通学用自転車についてチラシが作成され、配布されるなど、準捜査本部体制ともいえる力の入った捜査にもかかわらず、目撃者はおろか、早苗の通学用自転車など、身の回り品も一切見つからない。

誘拐事件を考慮して坂口家には捜査第一課の特殊班員が張りつくなど、緊張の日々が過ぎていく。しかし、新たな動きは見られずにいた。

その均衡が破られたのは、早苗が行方不明になってから二週間以上を経たある日のことだ。午前九時過ぎ、O署管内の駐在所に、近所に住む夫婦が蒼白の表情で飛び込んできたのである。

「この先の杉林のなかで、制服姿の女子学生が死んでいる」

夫婦の訴えを聞いた駐在所員は、その特徴から捜索中の早苗ではないか、とすぐに思い当たった。

連絡はただちにO署と県警本部にまわり、全員が色めき立った。とくに、近隣で起きた三年前の事件が未解決であったことから、捜査員は誰もがその事件との関連を想起した。三年前の事件では犯人に繋がるネタがなにもなかっただけに、今回こそは現場保存を完璧にしたうえで、鑑識活動による犯人への手がかりを探すことを強く意識した。

「現場が宝だ。現場立ち入りに注意しろ」

県警本部鑑識課からの指示が飛ぶなか、遺棄現場のそばに来ると、全員が捜査車両を降りて、徒歩で慎重に遺体に近づいた。

深い杉林を抜けたところに沢があり、そのなかに頭部を下流に向けた仰向けの状態で、制服姿の女子学生の遺体があった。黒いブレザーに黒いプリーツスカートという姿で、スカートは太ももまでめくれ上がっている。靴は履いておらず、右手にのみ手袋をしていて、左手袋は足元に落ちていた。目を閉じている女子学生の顔はうっ血しており、首には紐様のもので絞められたと思われる一本の「索溝」がはっきりと見てとれることから、他殺遺体であることは明らかだった。その女子学生が着ている上着には、「坂口」

とのネームが入っていた。

「早苗さんだ。こんな山中に捨てるのは、三年前のホシと同じに違いない」

刑事課長が現場の状況を署長に報告すると、署長自身も遺体を確認したのち、徹底した現場保存を指示して、本部の捜査第一課長と鑑識課長らの到着を待った。

やがて編成された現場鑑識班は全部で二十五名。機動鑑識班を含む鑑識課長に、鑑識課員が十一名、科学捜査研究所員が五名、検証班要員を含む所轄鑑識係員などが八名という組み合わせである。

遺体の状況から、遺棄後数日が経過していることが認められたため、周辺に残る足跡である「足痕跡《そくこんせき》」と、被害者の衣服や体に付着した「微物《びぶつ》」の採取を最重要課題とすることが決まった。

早苗の遺体の周辺やその手前にある林道には落ち葉が積もり、土砂面が露出している場所は少なかった。そこに投光器の光を斜めから当て、それこそ地を這うように鑑識員が地面を観察する。また、遺体の搬出に際しては、微物の落下と付着防止のため、全身をビニールで包み、慎重に運び出した。

「タイヤ痕発見！」

林道の端を観察していた鑑識員が大声で叫んだ。ついに、犯人に繋がる手がかりが発見されたのである。その後も観察は続けられ、結果的に八つのタイヤ痕と、八つのタイヤによると見られる圧痕、さらに六つの足跡様の圧痕が採取されるに至った。

早苗の遺体はその日のうちに国立病院に運ばれ、詳細な観察、検視を経てから解剖にまわされた。

その際にブラウスの左脇付近に、長さ一センチメートルくらいの毛髪二本が付着しているのが発見され、採取された。また小腸に残されていた内容物が、失踪前日の夕食メニューと一致したことから、殺害時間は当日に家を出てから間もなくであると推定された。

*

早苗の遺体発見の二日後、自宅で葬儀が執《と》り行われた。級友やその保護者など大勢が参列し、涙に暮れるその様子を、鑑識員は写真撮影した。この葬儀の葬儀委員長は、坂口家の自宅近くで理髪店を営む笠原洋一という三十六歳の男性だった。

笠原は三年前の事件でも「私のところは自営業で時間は自由ですから、お手伝いします」とみずから申し出て、葬儀委員長を務めていた。早苗が行方不明になった折も、地元で結成された捜索隊に積極的に参加し、聞き込みに来る捜査員にも快く対応していた。

早苗の葬儀から六日後、彼女の学生鞄が自宅から十キロメートル以上離れた山林で発見された。さらに鞄から数十メートルのところで、バラバラに解体された通学用自転車も見つかった。

鑑識員はそれぞれに「微物」の落下・付着防止処置を施《ほどこ》して県警の機動センターに搬入、三日間にわたって、付着した微物などの証拠類を捜す採証活動が行われた。

わずか十六歳で命を奪われてしまった少女の無念を晴らすべく、執念の捜査が続く。

そして早苗が行方不明となって四十九日後、事件が動いた。

葬儀委員長を務めていた笠原洋一が逮捕されたのである。

絞殺後に悪魔の欲望を遂げた

林道で採取されたタイヤ痕から推測される車種と同じ車に乗り、遺体に付着した短毛に繋がる仕事に就いている笠原に疑いを抱いていた捜査本部は、じつは水面下で実験を進めていた。

その一つが、理容業者の協力を得て行った、早苗が着用していたものと同種の制服を使った毛髪の付着実験である。実際にO署の女性職員が制服を着て、店舗や家屋などで実験した結果、店舗内の床に仰向けに倒れ、その後、手でよく払い落とした状況に極めて近いことがわかった。

またもう一つが、自転車の分解に必要な時間と騒音の発生についての実験だった。その結果、分解時間は約三十分で、交通量の多い道に面した笠原の店からは、さほど外に騒音が響かないことがわかった。

逮捕後に笠原は「私はなにもやっていない。床屋ならどこにでもあるし、遺体発見の山には沢蟹取りに行った」と否認を続けた。

しかし、家宅捜索によって早苗の自転車を解体した際に出た金属粒などが発見され、押収された自家用車内からは彼女の衣類に付着したのと同じ繊維片や、遺体発見現場に群生する草の実が発見されるなど、証拠は着実に揃えられていく。

逮捕後十日目にして、笠原は涙を流して全面自供に至ったのである。

妻子のいる笠原は、夫婦生活に飽き、裏ビデオを購入しては、一人で見て楽しむということを繰り返していた。とくに襲われた女子高生が性交中に絞殺される場面には、異常な興奮を覚えていたという。

ビデオのなかの女子高生と早苗を重ね合わせた笠原は、妻子の不在に合わせ、通学途中の早苗を待ち伏せ、「大事な用がある」と店内に誘い込んだのだ。顔見知りであることから、なんの疑いも抱かずにやってきた彼女に、笠原は抱きつき迫った。しかし激しく抵抗されたため、あらかじめ準備していた細紐で絞殺。遺体を待合用の長椅子に横たえて、悪魔の欲望を遂げたのである。

逮捕から二十日後、笠原は三年前の事件についても自供した。「男の子が店の物を壊したので、かっとなって殺したが、店の前の空き地にその子の自転車を放置したため、かなり疑われた。だから今回は自転車の処分にも気を配った」と、早苗の自転車を解体した理由について説明している。

じつは笠原は、三年前の事件と今回の事件について、犯行の詳細を手帳にメモしていた。その部分については逮捕前に破り捨てていたが、逮捕直後に手帳が押収された際に、破り捨てられたページに「殺」という文字の一部が残っていたことから、捜査本部による追及を受け、観念した結果、自供に転じたのだった。

第四章　カネ絡みの凶行

恐怖に支配されたキャバレーホステスの末路

床下の七十三歳女性遺体

昭和六十年代の春、中部地方某県にあるL警察署の受付でのこと。

「姉と娘がどこかに行ったまま帰ってこない」

L町内に住む五十一歳の主婦・坂田加織が、対応した警察職員に向かって訴えた。防犯係の刑事が詳しく事情を聴くと、彼女の姉である草野フジと、フジに幼少の頃から預けていた実娘である草野夏海の二人、三日前の水曜日から連絡が取れなくなっているとの話だった。七十三歳のフジは無職で、二十七歳の夏海はX市内のキャバレーでホステスをしているが、これまで連絡なしに三日間も家を空けたことはないという。

そこで捜査員が加織を伴って、フジと夏海が住む草野家へと向かったところ、家財道具などは整然とした状態で、とくに争ったような形跡はなかった。

「あれ、これはおかしいんじゃないか？」

ある捜査員が、台所に置かれた炊飯器のスイッチがONになったままであることに気付いた。

「ふつう、三日間も家を空けるというのに、炊飯器の電源を入れっ放しにはしない。なにかあったのでは？」

事件性が疑われることから、L署では二人について、犯罪の被害者となっている恐れがある「特異家出人」として手配。同時に二人の足取りについての捜査が開始された。

すると、フジは水曜日の夜には所在が確認できたが、木曜日の午前中に友人がかけた電話には出ず、それからの消息がわからなくなっていることが判明した。

一方の夏海は、木曜日の夜に勤め先のキャバレーに出勤し、金曜日の午前○時過ぎに、店の送迎車で家から一キロメートル離れた地域まで送ってもらっていることが確認されたが、それ以降は所在がわからなくなっていた。

また、捜査員が草野家の近隣住民にも聞き込みを重ねたところ、次のような証言を得た。

「金曜日の未明あたりに、草野家の近くで『キャー、やめて』という女性の悲鳴を聞いた」

その悲鳴こそが、二人が事件に巻き込まれた際に発せられたものではないか。そう推測した捜査員は、いま一度、草野家の建物内になんらかの痕跡が残っていないか調べるため、捜索を実施した。

「おい、なんだこのギシギシって音は？」

草野家の各部屋を見てまわっていたところ、捜査員の一人が、奥の六畳間の床だけが、歩くと異音を発することに気付いた。そこで畳を上げてみると、床板の釘が何カ所か引き抜かれている。そのためさらに床板を外すと、衣服を身につけた状態で両手を広げ、仰向けに横たわるフジの遺体を発見したのだった。

姪とタクシーに乗った男は誰か？

遺体発見に伴い、L署に捜査本部が設置され、九十六人態勢による本格捜査が始まった。いまだ発見されていない夏海の足取りについての捜査が、重点的に展開されたところ、新たな情報が入ってきた。

それは土曜日の午後二時頃に、F橋からK駅までタクシーに乗った男女のカップルのうち、女性が夏海であるというものだった。

草野家の家宅捜索の際に、夏海宛のラブレターが数通発見されていた。差出人はJ県

S市に住む野中信三という二十六歳の会社員。そのため、カップルの男性は野中の可能性があるとして、急きょ捜査員がS市に派遣された。

〈(土曜日の翌週の)火曜日、午前一時半、夏海からモーテルNに誘い出される〉

捜査員が野中の部屋を訪ねると彼は不在で、前記のメモが残されていた。しかし、彼がその後どこかに立ち寄った形跡はなく、自家用車もなくなっている。

そこで車両についての手配を行ったところ、S市の駐車場に、彼がメモに残した日付の翌日から放置されていたという、当該車両が発見された。

野中の自家用車について、県警本部の鑑識課員が見分したところ、後部トランクのなかから、男性のものと思われる数十本の頭髪が発見され、のちにそれらが野中のものであるとの鑑定がなされた。

L署の捜査本部では、その段階で野中も犯罪の被害者となっている可能性が高いと判断した。根拠となったのは、彼が部屋に残した置き手紙の存在だった。野中がみずからの身の危険を感じ、わざわざ書き残したと思慮されたのである。

では、いったい誰が夏海とタクシーに乗っていたのか？

捜査本部の関心はその一点に絞られた。

「夏海と行動をともにすると考えられるのは、去年の十二月にあの子と協議離婚した簾《すの》内《うち》信哉だけです。ただ、簾内は出身地のZ県で去年の十一月に傷害事件を起こして、刑務所に入っていると聞いてますが……」

夏海の実母である加織は、捜査員に対してそう話すと、さらに付け加えた。

「もし簾内が刑務所から出てきたとすると、あいつは夏海を金づるにしてきたから、必ず復縁を迫ってくると思います。そうなると、姉（フジ）とは絶対に争いになったはずです」

手足を緊縛された全裸男性の遺体

「簾内は執行猶予付きの判決を受け、出所しています。服役はしていません」

捜査員が簾内の出所の有無について照会したところ、そうした結果が明らかになった。

さらに、K駅まで夏海と男を乗せたタクシー運転手に簾内の顔写真を見せたところ、同乗の男に酷似しているとの証言を得た。

それらのことから、簾内が重要参考人として、一気に浮上することになったのである。

「子供の頃から面倒を見てきてもらったフジを夏海が殺害するとは考えられない。彼女は簾内からフジの殺害もしくは死体遺棄を手伝わされたか、まったく事件に関係していないかのいずれかだろう」

捜査本部ではそのような「筋読み」のもと、簾内及び夏海の追跡捜査を推進する方針が立てられた。

しかし、事件はあることをきっかけにして、急転直下に解決することになる。

「連れの男に殺されそうなので、助けてください——」

加織がL署を訪ねて親族の行方不明を訴えてから九日後のことだった。W県警N署に夏海が現れ、保護を申し出たのである。

W県警は緊急配備を実施し、夏海の保護から約三十分後には、W市内の路上で簾内を発見。登山ナイフ二丁を隠し持っていたことから、銃刀法違反の容疑で現行犯逮捕した。逮捕後、すぐに観念した簾内は、フジの殺害、死体遺棄を単独で実行したことを自供。野中についても、O県内のモーテルSで殺害後、遺体を客室の回転ベッドの下に遺棄したことを供述した。

そのため、O県警の捜査員がモーテルSでの捜索を行ったところ、簾内の供述通り、ベッドの下から、全裸の状態で両手両足を緊縛された野中の遺体を発見したのだった。

その後、簾内については、殺人や死体遺棄での再逮捕が繰り返されることとなる。また、野中の殺害、死体遺棄では夏海も簾内の共犯者として逮捕された。

元妻への執着とカネ目当ての凶行

実母の加織が予想した通り、釈放後に簾内がまずとった行動は、夏海に会いに向かうというものだった。

夏海の親族に見つかると、警察に通報されると考えた簾内は、夜間に家の近くに行き、彼女の帰宅を待っていた。しかし、なかなか夏海は姿を見せない。そのまま三日が経ち、簾内は夏海の家の物置小屋に身を隠し、帰宅を待ち伏せた。

そして木曜日の朝、便所に誰かが入る音を聞いた簾内は、物置小屋の方向から便所の窓を見ていたところ、窓を開けたフジと目が合ってしまったのだった。

慌てた簾内は玄関から室内に入り、フジに夏海の所在を尋ねたが、フジは「知らない」と繰り返し、どこかに電話をかけようとした。そこで彼は押し入れにあったシーツを、あらかじめ持っていたナイフで切り裂いて紐のようにしてから、フジの両手、両足を縛り上げたのである。

「このババアには顔を見られている……」

午後になり、そのまま逃げてしまうと自分の存在を通報されてしまうと考えた簾内は、小柄なフジの体を抱えると風呂場へと向かい、頭から湯船に沈めて殺害したのだった。

その後、遺体を奥の六畳間の床下に隠した簾内は外に逃げたが、夏海に会いたいとの思いは変わらない。そのため夜を待って家の近くに行き、ふたたび夏海を待ち伏せた。

やがて金曜日の未明に夏海が帰宅してきたため、簾内が声をかけると、彼女は悲鳴を上げて逃げ出そうとした。しかし簾内は彼女を取り押さえ、力ずくでK町のモーテルPへと連れ込んだのである。

そこで彼はフジを殺害したことを夏海に伝え、恐怖に支配されてしまった彼女を、土曜日の午後にタクシーに乗せると、K駅へと向かった。さらにそこから鉄道で野中が住むJ県S市まで移動すると、夏海に野中をモーテルNに呼び出すことを命じ、逃走資金を確保しようと企てたのだった。

しかし、モーテルNに現れた野中は、まとまった現金を持ち合わせていなかった。そこで簾内は土地勘のあるO県O市に、野中が運転する自家用車で移動。市内の銀行で現金を引き出させ、受け取った。

「こいつにはフジを殺したことを話している。生きて帰すわけにはいかない」

簾内はそう考え、ふたたび夏海を含めた三人でO市内のモーテルSに入り、彼女に手伝わせて野中を全裸にして手足を縛ると、フジと同じく浴槽に沈めて殺害し、遺体をベッドの下に隠したのである。

その後、W県W市へと移動した簾内と夏海はモーテルを泊まり歩いたが、二人で映画館に入ったときに、夏海が隙を見て逃走。それに気付いた簾内も慌てて逃げようとしたが、路上で身柄を確保されたというのが、一連の顚末《てんまつ》だ。

なぜ夏海はもっと早く警察に駆け込むことができなかったのか——。

夏美は逮捕後、「簾内が怖くて逃げられなかった」との供述をしていたが、彼女が呼び出したことで、なんの罪もない野中の命が奪われている。また、野中殺害の際には手を貸していたことなどから、彼女自身も罪に問われることとなった。

「マグロ師」による大学生刺殺事件

勇気ある青年への非道な仕打ち

昭和六十年代の長閑《のどか》な春の日、関東地方某県にあるH市のアパート二階に、大学生四人が集まっていた。

彼らは高校時代の同級生で、そのうち一人の部屋に遊びに来ていたのである。

「おい、なにするんだ。カネはないよ」

午前〇時過ぎのこと。突然、表の道路から男の叫び声が聞こえた。四人が窓から顔を出すと、三人の労務者風の男たちが、五十歳くらいの会社員を取り囲み、背後から羽交い締めにして、背広の胸ポケットから財布を抜き取ろうとしていた。

「そこでなにしてるんだ！」

大学生のうち、宝田勇太が声を上げると、四人は表通りに飛び出した。

「カネを盗られた。取り返してくれ」

被害に遭った会社員は、酔っているのか、ろれつの回らない口調で言った。

するとそ、彼のそばに立っていた痩せた労務者風の男が、「カネを盗んだのはあいつらだ。あっちへ逃げたぞ」と前方を指差した。

宝田ほか二人は路地から路地へと逃げる犯人たちを追いかけ、大野昭二ははさみうちにしようと、別のコースで追跡する。

やがて五十歳くらいで、背の低い労務者風の男が、走る速度を落としたため、宝田がタックルして押し倒し、一緒に追っていた野村健太郎も飛びつくと、暴れる男を取り押さえた。

宝田と野村の二人は、捕らえた男の両脇を抱え、近くにある派出所を目指した。遅れて到着した加川仁は、友人二人が男を捕まえているのを見て、先に派出所に駆け込んだが、警察官は不在だったため、電話で所轄署に連絡を入れ、泥棒を捕まえたことを伝えた。

加川が派出所を出たところ、深緑色のジャンパーを着た犯人グループの男が、少し離れたところから、派出所の様子を窺っている姿を発見したのである。

そこで加川は、捕まえた男を宝田と野村に任せ、遅れてやってきた大野と二人で、派出所を見ていた男を追いかけることにした。

「もう逃げないから手を離してよ」

宝田と野村に両脇を固められた男は、そう口にして哀願した。

そこで二人は、男をつかんでいた腕の力を緩めてしまう。その刹那のことだ。男はジャンパーの内ポケットに隠し持っていたナイフを取り出すと、二人の心臓付近を迷うことなく突き刺したのだった。

自分の身の上になにが起こったのかわからない二人は、立っていることができず、地面を這うようにして派出所に辿り着くと、そこで力尽きた。

逃げた男を見失った加川と大野が派出所に戻ってくると、そこに人だかりができていた。不吉な予感が二人を襲い、急いで駆け寄ると、友人二人が血まみれになって床に横たわる姿が目に入った。

そこに加川の連絡によって出動したパトカーが到着した。

「至急、至急、N署管内刃物使用強盗致傷事件発生」

ただちに緊急配備が実施され、県内での検問が開始された。その最中、救急車で病院に搬送された宝田の死亡が確認され、事件は強盗殺人事件となった。

「マグロ師」を追え

「この事件は初七日までに犯人を検挙するように」

正義のために行動した大学生が殺害されたことは、県警に大きな衝撃を与えた。すぐにN署に設置された捜査本部に姿を現した県警本部長は、犯人を早急に検挙するよう檄を飛ばす。

この事件については、目撃者の証言などから、夜間に二、三名で行動し、酒に酔った者などを襲って金品を奪う通称「マグロ師」による犯行の疑いが強いと見られた。

そのため、現場付近を根城にする「マグロ師」を徹底的に解明する捜査方針が立てられることになった。

彼らの手口は、酒に酔って歩いている者に狙いをつけ、仲間の一人が「いい女がいますよ。どうですか?」と女を世話するように装い、人目につかない場所まで連れ込むとグループで取り囲み、財布からカネを奪うというもの。

こうして「マグロ師」への捜査が進められるのと同時に、最初のマグロ事件の被害者と、二人を刺した犯人の似顔絵が作成されることになった。

その似顔絵作成に当たった捜査員は、これまでに画家を目指して複数の画伯に師事し、過去には作成した似顔絵によって十数件の事件を解決に導いていた。

無事だった加川と大野は、マグロ事件の被害者の顔を鮮明に記憶しており、彼らの供述によって、似顔絵が作成された。また、犯人に刺された野村は徐々に回復し、集中治療室のベッドのなかで犯人の特徴を説明し、似顔絵を完成させた。

「本当によく似ています。犯人にそっくりです」

出来上がった似顔絵は、実際に犯人を目にした野村にとっても、満足のいく仕上がりだった。

＊

「足紋が出たぞ！」

殺害現場付近に遺留されていた刃物の鞘《さや》と思われる、折り曲げられた紙片と、犯人のものと思われる帽子が発見、押収されていた。このうち、紙製の鞘から五本の指がきれいに揃った足紋が検出されたのだ。さらに、帽子に付着していた毛髪と汗の鑑定により、血液型はＡ型と判明した。

そこで同一手口の前歴者のうち、現在も活動していると認められる「マグロ師」二百五十人をリストアップし、似顔絵に似ている者から優先的に内偵捜査をしながら、任意同行を求めて足紋の対照を行うことになった。

一方で、簡易宿泊所に泊まり込んでいた刑事が、有力な情報を入手してきた。

「事件のあった翌日の朝六時頃、サウナに行っていたら、ニュースで大学生が殺されたという事件を放送した。それを見ていた三人組の男が、『死んじゃった。やばいぞ』と言って、急いで身支度をして出ていった」

こう話す情報提供者を説得して、同様の事件の被疑者写真を使った「面割り」に協力してもらったところ、「一人はこの男に間違いありません。口ひげもありました」と、三十一歳の木原修司の写真を指差した。木原は仮睡者狙《かすいしゃ》いや、傷害などで三回の犯歴がある男だった。

さらに情報提供者は一人の男に反応した。しかし調べると、その男は現在刑務所に服役中であることがわかった。ふとそのとき、その男の顔に酷似した、別の男がいることを刑事は思い出した。三十七歳の火野弘明という男で、仮睡者狙いや恐喝で七回の犯歴がある。

情報提供者に火野の写真を見せたところ、「頬がもう少し痩せれば似ています」との証言を得た。さらにその後に行った他の目撃者の「面割り」で、木原とともに火野も共犯者であることが確認されたのである。

その数日後、火野が内妻とともに土木会社の宿舎に住み込みで働いていることを突きとめた捜査本部は、彼を窃盗容疑で逮捕した。

「火野が通称『おっちゃん』という五十歳ぐらいの、小太りで似顔絵にそっくりの男と歩いてるのを見たことがある。この男は刑務所に長く入っていて、最近出所してきたらしい」

聞き込みにまわっていた捜査員が入手した情報を、取調官が火野にぶつけるが、彼は「『おっちゃん』なんか知らない」と否認を続ける。

そこで捜査員は「マグロ師」である「おっちゃん」と世代が近い男に接触。仲間を庇《かば》うよりも、警察に協力するほうが得策だということを判断させるように説得した。その結果、「見かけたら連絡する」と協力の確約を得られたのだった。

その数日後……。

「あれが『おっちゃん』だ」

協力者の男は、捜査員を呼び出すと、物陰から似顔絵に似た男を指差した。捜査員はその男を尾行し、途中で声をかけ、任意同行を求めた。

「事件のことは聞いて知っているが、俺は関係ないよ」

そう言って笑みを浮かべた男の名は熊田文明といい、現在五十二歳の彼は、強盗事件などで十二回の前科を持ち、これまで通算二十五年も刑務所で過ごしてきたことが判明した。

熊田の写真を見た野村は「この男が私たちを刺した男です。憎い……」と言って涙を流した。

捜査本部では熊田を強盗殺人と、同未遂の容疑で逮捕した。事件から十二日目のことだった。


「俺は昨日今日の前科持ちとは格が違う」


「刑事さん、俺は長い間刑務所暮らしをやってきた男だ。昨日今日の前科持ちとは格が違う。どんな調べの戦術を使おうが、俺には通用しないよ」

取調室での熊田は、そう嘯《うそぶ》いて、取り調べに応じようとはしなかった。

だが、熊田から採取した毛髪と血液、さらに足紋は遺留品のものと一致しており、取調官は自信を持って彼と対峙する。

「お前さん、紙で作った鞘はどうしたんだよ」

取調官の言葉に、熊田は愕然とした。

「鞘なんか知らねえよ」

震える声で言う熊田に、取調官は容赦なく言う。

「馬鹿言うな。現場に落ちてたんだ。そこからお前さんの足紋が出てるんだよ」

　それから熊田は無口になり、留置場内での断食を始めた。監視の警察官に待遇が悪いとわめき散らす。さらに取調官にも声を荒らげた。

「俺にも人権がある。血圧も高いんだ。留置場も待遇が悪い。裁判で全部ぶちまけてやる」

　だが、追及の外堀は徐々に埋まっていく。まず、すでに逮捕されていた火野が、自供を始めた。

「木原と『おっちゃん』と組んで『マグロ』をやったんですよ。でも俺は人を刺してない。追っかけられたとき『あっちに逃げた』と教えて、俺は反対の方に逃げたからあとは知らない」

　そう言いながら、写真による〝面通し〟で、熊田が「おっちゃん」であることを認めたのである。

　さらに木原がH市内の簡易宿泊所で逮捕された。木原も火野と同じく「マグロ」の犯行を認めた。

「俺は火野と木原が口が堅いというから組んだんだが、だらしがない奴らだ。たしかに『マグロ』はやったが、俺は××の方には行ってないので、人を刺してない」

逮捕から一週間を迎え、やっと熊田は一部を自供した。だが、〝本件〟である殺人については頑強に否認を続ける。

そこで取調官は、熊田を過去に取り調べた取調官と会い、彼の人となりを研究。熊田は両親よりも姉を慕っており、彼女が彼の刑務所在監中に病死していたこともつきとめた。取調官は諭す。

「姉さんも草葉の陰で心配しているぞ。もっと素直になれよ、熊田……」

その言葉を聞いた熊田は、自身の生い立ちや境遇について話し始めた。頷きながら彼の話に真摯に耳を傾けていた取調官の目にも涙が浮かぶ。すると熊田はおもむろに取調官の手を取り、大声で泣き出した。

「俺は、二度と刑務所に戻りたくなかったんだ。追いかけられて捕まったとき、とにかく逃げたかったんだよぉ……」

逮捕から十二日目にして、熊田はようやくすべてを自供したのだった。

自分のホテルに火を放った、社長と愛人とその男

従業員四人の命を奪ったホテル火災

昭和五十年代の年の瀬に、その事件は起きた。

九州地方某県にある歓楽街からほど近いホテルQから火の手が上がったのは、未明のことだ。木造三階建ての歴史ある建物は、火の回りが速く、たちまちのうちに激しい炎に包まれた。

「助けて！」

野次馬が遠巻きに見守るなか、二階の屋根の上から女性が悲鳴を上げ、助けを求めていた。駆けつけた消防隊が、すんでのところで彼女を助け出す。

だが、救出劇はそれ以降にはなく、消防隊は業火に崩れる建物に放水するほか、なす術はなかった。

鎮火後の捜索により、四人の男女の遺体が発見された。救出された仲居の安田智子の証言で、出火当時に客はおらず、同ホテルには住み込みで彼女のほかに仲居三人と調理師一人がいたことがわかり、発見されたのは彼らの遺体であることが後に確認された。

出火場所は一階中広場と見られたが、完全燃焼しているため油などを使用した際の油彩反応は現れない。灰皿はきちんと片付けられており、タバコの火の不始末ではなさそうだった。勝手口の鍵が開いていたことが確認されたが、それだけで放火と断定する状況ではなかった。

そのため当初は、捜査の展開次第で経営者の管理責任を明らかにする方針で、聞き込み班を含めた総勢二十三人態勢で捜査が開始されたのである。

社長主催の不審な忘年会

「放火に違いない」

同業者を中心に聞き込みを行ったところ、こうした噂で持ちきりであるという報告が上げられた。

さらに従業員らの供述によれば、当日はホテル内で自社の忘年会が開かれたが、警備員が休みであることがわかっていながら開催されたこと。いつもの忘年会は従業員が主導で開くが、今回は社長の提案によって開催されたこと。さらには社長がいったん帰宅した後で、ふたたびホテルに現れていることなどがわかった。

その点について社長の山口悟志は、県警の事情聴取に対し、以下の説明をした。

「忘年会を終え、自宅に帰る途中でホテルに忘れ物をしたのを思い出し、取りに戻った。時間は午後十一時四十分だったと思う。すると住み込み従業員が四、五人で二次会をしていたので、やかましく叱って帰った。自宅には午前〇時半には戻り、すぐに寝た」

別の捜査員が山口の妻に帰宅時間を聴取しており、そちらでは午前一時半頃との回答を得ていた。しかしその矛盾について、捜査員はあえて追及しなかった。

元製紙会社の社員で、山口家の長女の婿として養子に迎えられた四十七歳の山口は、病弱な義父から経営を受け継いだものの、機会さえあれば女遊びを繰り返し、放漫経営を続けた結果、業績は悪化。負債を増やしていた。

山口の周辺について密かに捜査を進めると、竹中千鶴という四十一歳の女の存在が浮かび上がってきた。水商売あがりの千鶴は、これまで山口に四千万円ものカネをつぎ込ませていた。

そこで、千鶴への内偵特命班が組まれ、昼夜を問わず行動確認が行われることになったのである。

粘り強い協力者工作

近隣県の高校を二年で中退した千鶴は、J市の繁華街にあるキャバレーでホステスとなった。色白でふっくらとした頬にぱっちりした瞳の美貌で、一躍、店のナンバーワンとなった彼女は、プロ野球選手やプロレスラー、芸能人や暴力団組長などと派手に遊びまわっていた。十九歳でJ市の設計事務所の跡取り息子と結婚したが、一緒に暮らしたのは五年ほどで、あとは別居を続けていた。

その後、ブティックを経営していたときに、ホテルQでの展示会開催を申し込みに行った先で、山口に見初められて深い関係となったのである。

すっかり千鶴に溺れた山口は、彼女にマンションを提供。やがて千鶴は夫と離婚し、昭和五十七年二月には山口の自宅にミンクのコート、トカゲのバッグにハイヒールというで立ちで乗り込み、彼の妻に「私は山口と一緒になる約束をしたんだから別れて」と、直談判までしていた。

内偵特命班は千鶴を張り込んで尾行を重ねた。すると、J市の繁華街で千鶴と接触した六十代の男を発見。彼を尾行したところ、同市で塗装業を営む黒田久雄と確認された。

その後、周辺への捜査を進めると、黒田は千鶴が父親のように慕う相手であることがわかり、黒田に対する協力者工作を開始することになった。

最初は捜査員が黒田宅の近くで発生した盗難事件を口実に接触。それから訪問を重ね、やがて千鶴の話題が出るまでに信頼関係を築いた。その後、ホテルQの火災の話になったが、あまり詳しくは語りたがらない。捜査員は粘り強く訪問を重ね、二十日あまりかけたところ、「私が話したことを絶対に千鶴に洩らしてもらっては困る」との前置きで、黒田は重い口を開いたのだった。

「千鶴の話では、山口と知り合い結婚の約束をしたが、結婚できず、結局二号になったと言ってた。ホテルQの火事のあとで彼女に電話をかけると、『ぜひ会って話したいことがあるので、家に来てほしい』と言われた。そこで家を訪ねると、『山口に大きな貸しをした。だから彼は私を捨てられない』と言うので、どういうことかと尋ねると、『ホテルQは私が放火したの』と告白したので驚いた……」

そう語る黒田によれば、なんでも、千鶴は山口に数カ月前からホテルQに放火するように言われており、その報酬として五千万円をもらうという約束があったという。山口は総額約二億円の火災保険に加入しており、警察に疑われた際の弁解についても事前に話し合われていた。また、千鶴は用心のために二人の会話を録音していたこともわかった。

さらに黒田は続けた。

「千鶴はところどころ涙を流しながら話していた。彼女にしてみれば、山口のために命をかけて放火したのに、彼が優しくなることはなく、裏切られたのではないかとの思いがあったようだ。とはいえ、死人も出ていることなので、自首させようと思い、十日前に千鶴に電話をかけて自首を勧めたが、『自首するくらいなら死んだほうがまし』と言われてしまった」

黒田の証言を得て、捜査員はみな一様に色めき立った。そしてただちに、D署に「ホテルQにおける保険金目的放火事件捜査本部」が設置されることになったのである。

容疑者二人が日本を出国

「ホテルQの火事は自分が火をつけた。すぐにまとまったカネが入るので、実家に帰る。そこで私にできる仕事を探してほしい」

捜査員は県外に住む千鶴の弟夫婦宅を十回にわたり訪ね、彼女の告白を聞き出した。そこで山口と千鶴の二人に任意出頭を求め、出頭後はただちにポリグラフ検査を行うとの方針が立てられたのだった。

もう間もなく、火災発生から二カ月になるという某日早朝、捜査員たちは二手に分かれてそれぞれの自宅に向かった。しかし、どちらも自宅にいない。山口の妻から「主人は東京に行くと言って、朝早くに出かけました」との証言が得られたことから、あらゆる行き先を想定して、所在確認が行われた。すると、出入国管理局から、「今朝二人はマニラに向かって出国した」との情報が寄せられたのである。

事前に捜査の手を察知しての国外逃亡を危惧した捜査本部だったが、旅程表では十日後に帰国予定となっているため、ひとまずその日を待つことになった。

そして帰国当日、捜査員が張り込むなか、山口と千鶴の二人は、何食わぬ顔で空港の入国ゲートから出てきたのだった。そこでいったん二人を泳がすことにして、尾行と張り込みを続けたところ、自宅に戻った千鶴のもとを訪ねる男がいた。それは、J市内で土建業を営む戸高巌だった。五十八年二月に千鶴と知り合った戸高は、彼女に惚れ込み、すでに親密な関係になっていることを、捜査本部は事前の内偵捜査でつかんでいた。

翌日、捜査本部は山口と千鶴、さらに戸高を加えた三人に任意出頭を求め、予定通りに放火容疑でのポリグラフ検査を実施した。すると三人とも容疑が濃厚との結果が出たため、それぞれ取り調べが行われることになったのである。

捜査本部では、山口と千鶴は簡単には落ちないと見て、戸高を集中的に攻める戦術を取った。三人とも取り調べには口を閉ざしていたが、その夜、狙い通りに戸高が落ちた。「千鶴から『ホテルQは経営不振で、いずれ閉鎖しなければならない。燃えれば保険金が出てお互いの借金が清算できるから、山口と相談の末、私が火をつけることに決まった』と聞かされた。何度かやめるようにと説得したが、千鶴の決意は固かったので諦め、ホテルQまで車で送ることを約束した。当日、千鶴は液体洗剤の容器が入ったビニール袋を持って現場へ向かい、五分ぐらいするとガタガタ震えて戻ってきた。車で帰る途中、消防車のサイレンの音が凄まじかった」

この証言をもとに、捜査本部は山口と千鶴が全面否認のまま、逮捕状を請求。山口と千鶴は現住建造物等放火で、戸高は同事件の幇助《ほうじょ》事実で通常逮捕された。

勾留されてからも山口と千鶴の完全黙秘は続いたが、山口は帰宅時間の矛盾を突かれ、三日後には自供に至った。一方の千鶴はなかなか口を割らなかったが、勾留の終わり近くになると、取調立会人の女性警察官に自分の境遇を打ち明けて泣き崩れる姿を見せるようになり、徐々に犯行を認め始め、逮捕から二週間で全面自供に至ったのだった。

その後、山口と千鶴は現住建造物等放火、殺人で、戸高は現住建造物等放火で、それぞれ起訴された。それは、無辜《むこ》の四人の命を奪ってまで、みずからの欲望を果たそうとした男と女に、天誅《てんちゅう》が下された瞬間だった。

誰が工場所長を殺したか

寝込みを襲われ刺殺された所長

うだるような暑さが続く昭和五十年代の夏のこと。近畿地方某県R市にある鉄鋼関連会社の社員寮で眠りにつこうとしていた伊藤真二郎は、廊下でドサッと人が倒れたような音を耳にした。

「いったいなんの音だ?」

聞き耳を立てると、人の呻《うめ》き声がする。そこでドアを開けると、二階に住んでいる上司の脇田秀夫が、パジャマを血で染めた状態で倒れていて、「刺された、警察を呼んでくれ……」と口にすると、意識を失った。

「脇田さん、どうしたんですか?」

伊藤は脇田の体を揺すったが、返事はない。伊藤は電話に駆け寄ると、一一〇とダイヤルを回した。

人が刺されたとの一報に、所轄のR署と県警本部から捜査員が一斉に集まった。被害者となった脇田の部屋は二階にあり、部屋の中央に敷かれた布団には血痕が付着している。薄い掛布団は足元のほうにまくれ上がり、争った形跡があった。

掛布団のカバーの端には、血のりの付いた真新しい果物ナイフの刃の部分だけが突き刺さった状態で残っていた。血痕は室内から階下の伊藤の部屋の前まで続く。それを見た捜査幹部は口にした。

「被害者は寝込みを襲われ、助けを求めながら伊藤さんの部屋に辿り着き、そこで息絶えたんだな」

ただちにR署に捜査本部が設置され、捜査が開始されることになった。

＊

「犯人は被害者の部屋に直行していることから、社員寮の内部をよく知っている。さらに、室内には物色の跡がなく、現金十八万円入りの財布に手がつけられていないことから、被害者に恨みを持つ者の計画的な犯行である可能性が高い」

捜査本部では、被害者の身辺捜査に重点を置き、とくに下請け業者を含めた、会社関係者の事情聴取に全力をあげることが決まった。

脇田は妻と三人の子供を郷里のN県に残し、単身赴任の生活を送っていた。そのため事件の直前まで夏休みを取って家族と過ごし、当日の朝にR市に戻ってきたばかりだった。

その日は、午後五時過ぎまで会社の事務所で仕事の整理をしたあと、夕食を事務所で済ませ、社員寮に戻ってからは、午後九時頃に一人でテレビを見ている姿を管理人が確認している。

「残された家族のために、なんとしても早期に事件を解決するんだ」

捜査幹部の檄が飛ぶ。捜査員はまず、凶器である果物ナイフの販売ルートを調べることにした。

すると、R市内の「コガネスーパー」のみで販売されている商品であることがわかった。ただ、同スーパーはR市内だけで十二店舗あり、各店ともにこの果物ナイフを大量に販売していたことから、凶器からの捜査の進展は期待できないとの結論に達した。

一方で、会社関係者の事情聴取を進めていくうち、脇田がR市の工場に所長として着任後、業績不振から数人の従業員の人員整理を行っていたことが判明した。そこで、これら退職者に関する捜査を重点的に行ったが、彼を個人的に恨んでいる者は現れなかった。

所長の側近も襲撃されていた

「今年の春頃、下請け業者の井上産業の社長が私に、『脇田所長になってから、いい仕事が回ってこなくなった。このまま続けば会社が潰れてしまう。ほんとに腹が立つ所長だ。なんかあったら殺してやろうと思う』と言ってました。そのときは冗談だろうと思っていましたが、本当に殺されたので驚いています」

捜査員が情報提供者から引き出した話に、捜査本部は沸き立った。井上産業は従業員十人のうち八人を脇田が所長を務める現場に送り出し、それが主な資金源となっていた。

さらに捜査員は新たな情報を仕入れてきた。脇田が殺害される二十日ほど前に、同じ会社で脇田の片腕的存在である重松浩一が、出勤途中にハンマーで襲撃されたというのだ。重松は語る。

「出勤しようとバイクで自宅を出て間もなく、交差点の角から二人乗りの軽自動車が突然現れました。助手席から降りてきたヘルメットを被る男にハンマーで頭を殴られそうになり、とっさに身を引いて、間一髪のところでかわしました。男はハンマーを落として車で逃走したので、ハンマーを車の後部に投げつけ、当たりましたが、そのまま走り去りました。車は灰色ですが、車種はわからず、ナンバープレートにはガムテープが貼られていました……」

さらに、この襲撃事件のほかにも、重松の自宅や会社に「舐めてたら、ただでおかないぞ」との脅迫電話が、数回かかってきていたことも明らかになった。

捜査本部は、これらの事態を重く見て、殺人事件との関連について捜査を進めていくことを決めた。

大量の捜査員が聞き込みに投入されたところ、ガラの悪い二人の男が、軽自動車のナンバープレートにガムテープを貼り付けるところを、ラジオ体操に行く途中の小学生が目撃していた。この小学生の記憶で、軽自動車の車種が特定された。

この車種は県下で約五百台が登録されていたが、ハンマーの痕跡が決め手となるため、修理される前に車当たり捜査を急ぐ必要があった。そうしたところ、捜査員がK郡のレストランで、車の後部左端に痕跡のある同車種の軽自動車を発見したのである。

同レストランのコックである田島雅史に当たったところ、その車は彼のもので、事件の前後に井上産業で働く、清川稔という二十三歳の男に貸していたことがわかった。

「これで井上産業と襲撃事件が結び付いた」

捜査本部の誰もが、この情報がもたらされたことによる、捜査の大きな進展を感じていた。

首謀者を庇う実行犯の忠心

井上産業の社長である井上富士夫と部下の清川は、事件発生の四カ月前に交通事故に遭い、頸部ねん挫で入院していた。本来は二週間程度の軽傷だったが、補償問題がこじれ、入院日数が四カ月以上延びており、彼らが補償金目当てに居座っていることは傍目にも明らかだった。

捜査員は獲物を目の前にしながら、手を出せないことにもどかしさを抱いていた。そこで、井上産業の内情を話せる者がいないか捜査をしていたところ、田村寿男という男が、同社を辞めたがっているとの情報を得たのである。

「田村を協力者としてうまく利用できないものか？」

捜査幹部は、ベテラン捜査員を田村に充てることにした。当初は社長への恐れからか、固く口を閉ざしていた田村だが、捜査員の粘り強い説得により、ついに事件について語り始めた。

「井上社長の病室に行ったときに、居合わせた清川に井上社長は『重松を二、三カ月会社に出てこれないようにしてやれ』と、彼を襲う話をしていました。それから、脇田所長が殺されたあとにも、井上社長は『清川に重松を襲わせたが、脇田の態度は前と変わらなかった。結局、清川が脇田を殺すことになってしまった』と話していました」

この田村の証言を受けて、捜査本部では清川への事情聴取を行うことを決めた。社長の井上は病気を理由に出頭を拒み、また出頭してもなんらかの症状を訴え、取り調べにならないことは十分に予想できた。そのため、なんとしても清川を落とさないといけない。そこで清川からの聴取には、田村から話を引き出したベテラン捜査員が充てられることになった。

その翌日、捜査員らは井上らが入院する病院へと向かい、任意同行を申し出る。井上らは、一瞬たじろいだ表情を見せたが、ある程度の覚悟をしていたのか、任意同行には素直に応じた。

しかし、任意同行後の井上は、予想通りに完全黙秘の状態で、昼前には腹痛を訴え、仮病とはわかっていたが、病院へ逆戻りということになった。

一方で、実行犯であるはずの清川は、心の準備ができていたのか、顔色ひとつ変えず、「なにも知りません。やっていません」と、脇田の殺人事件はもとより、重松の襲撃事件についても頑強に否認した。

清川は生まれて間もなく父親と死別し、母親の手によって育てられていた。彼の気の毒な境遇を知るベテラン捜査員は、親身になって諭し続けた。やがてその気持ちが伝わったのだろう。取り調べが始まって五時間後、彼は「私がやりました」と、一連の襲撃事件の自供を始めたのである。

清川の自供から、重松の襲撃事件の共犯者は、元井上産業の社員だった樋口幸男だと判明。樋口をすぐに捜査本部へと任意同行したところ、当初は犯行について否認するも、清川が自供していることを聞かされ、否認しきれないと見たのか、ついには自供。その日のうちに清川を殺人、暴力行為の容疑で、樋口を暴力行為の容疑で逮捕した。

＊

「すべては自分が勝手にしたものだ。井上社長からはなにも言われていない」

清川は二件の犯行について、すべて自分がやったこととして、井上を庇う姿勢を見せた。そこでベテラン捜査員は清川に言う。

「お前が個人的恨みでやったのなら、それでもいい。しかし、誰かの命令に従って殺したとなれば、別問題だ。命令した者も処罰しなければ仏さんは浮かばれんぞ。清川、お前は毎日留置場で寝起きをし、取り調べを受けているが、影の人物はどうだ。毎日、自由な生活を送ってるんだぞ。矛盾を感じんか？」

その言葉が清川の心を動かした。やがて彼は、社長の井上に命じられて犯行に及んだ流れを語り始めた。重松襲撃を申し付けられたこと、それに失敗して井上になじられ、今度は脇田を襲うように命令されたこと……。

捜査員は清川の証言を受けて、裏付けを取りに走り、果物ナイフの購入や、犯行に使用したバイクへの血液の付着などを確認する。

脇田に対する殺人教唆《きょうさ》での逮捕状を胸ポケットに収めた捜査員が、井上の入院する病院へと向かったのは、それから間もなくのことだった。

第五章

偽装工作を見破れ

海釣りでの転落を偽装……四億円保険金殺人

水嫌いなはずの男性がなぜ釣り船に？

「釣り船から客の男二人が落ちて、一人は助けられたが、もう一人が行方不明になった」

昭和六十年代の春先。I県のI署に消防署を通じて連絡が入ったのは、午前二時過ぎのことだった。

転落したのは黒田満男と鷲田《わしだ》三郎の二人。そのうち行方不明となった黒田は、T県U市で寿司店を経営する傍《かたわ》ら不動産業を営んでいたが、昭和六十年に倒産し、当時、その借財の整理にあたっていた。

黒田は債権者の一人である不動産業者の亀井信一郎からT市にある土地を共同購入する話を持ちかけられ、その購入のためにJ町を訪れ、一緒に船に乗っていた鷲田の案内で土地を見学していたという。船にはほかに、亀井の部下の菊池明が乗っていた。

「一緒に土地を見ているときから、黒田さんは釣りをしたいと話してました。商売上の大切なお客さんなので、J町に来るための費用はすべてこちらで用意しており、接待にぬかりがないように釣りもスケジュールに組み込んだ。釣りのシーズンについてはよくわからないが、なにか釣れると思いました」

釣りをしたことについて、亀井と鷲田はそう説明した。しかし、この時期はまだ釣りのシーズンではなく、地元の漁師らは、なぜ釣りになど出たのかと首をかしげる。さらに、彼らが乗る漁船を操舵《そうだ》した平川優馬は、捜査員の聴取に対し、「俺は漁師だけど貝を専門にした漁師で、魚のことはよくわからない。釣りのことは客のほうがよく知っていると思いました」と答えていた。

捜査員は行方不明となった黒田の親族や友人らにも話を聞いたのだが、彼らは次のように話す。

「（黒田は）水が大嫌いで、ハワイに行ったときも泳がず、まして釣りなどしたことはない。川のそばにすら行かないほど怖がりなのに、どうして船釣りをしようと言ったのかわからない」

捜査員は双方の供述の矛盾に釈然としない思いを抱いていたが、船に同乗していた他の三人を追及する決め手もなく、彼らをいったん自宅に帰すほかなかった。

多額の生命保険がかけられていた

「黒田が購入する予定だったT市の土地は、売りには出されてるけど、黒田も、彼を誘った亀井も地主と接触した形跡がありません。さらに黒田はJ町に二人の相談役の男性を連れてきているんですけど、亀井と鷲田らによって、相談役の二人はT市に残るよう言われ、黒田だけが亀井や鷲田と行動をともにしていました」

捜査員からは、今回の事故についての不審点が次々と上がってくる。すでに事故から三カ月が経っていたが、いまだに黒田の遺体も発見されていない。

I署は今回の〝事故〟について、「殺人の疑いのある事件」として捜査を進めることを決めていた。

そんな折、黒田の腐乱死体がJ町の海岸に打ち寄せられたのである。死体はすぐに解剖にまわされたが、死因は溺死で、殺人を証明するような創傷等はなく、その知らせに捜査員の誰もが落胆の色を隠せなかった。

一方で、黒田の借金について調べていた捜査員は新たな情報をつかんだ。それは、黒田には約二十億円の借金があり、債権者との間でその整理をめぐってトラブルを起こしていたが、黒田の死亡後は伯父や妻の実家などが土地を売却して、負債の整理にあたっているというものだった。

　その債権者の一人であるH市の不動産会社社長の木俣康雄は、生命保険会社から黒田にかけられた生命保険金四億円を受け取っていた。またU県の不動産業者も、別の生命保険会社から一億円あまりの保険金を受け取っている事実が判明したのである。

　そこで黒田の妻に事情聴取をしたところ、「U県の不動産業者が受け取った一億円の生命保険は、当初は夫が私を受取人としてかけていたものですが、借金の抵当代わりに受取人を変更したものです」との説明があった。だが彼女が口にした、もう一つの生命保険金についての話に、捜査員は思わず息を呑む。

「木俣社長が夫に四億円もの保険をかけていることは知りませんでした。夫は社長に六億円くらいの借金があったのですが、それについては、夫の伯父や私の実家が土地を売って整理しています」

　被害者の妻の話によって、釣り船の〝事故〟が、保険金を目的とした〝(殺人)事件〟である疑いが濃厚になったのである。

＊

「保険金の受取人となった木俣と、亀井や鷲田との接点を探すんだ」

　そのような捜査方針が立てられて間もなく、捜査班に亀井が別の事件でL県警に逮捕されたとの連絡が入ってきた。

　捜査班はそれまでに、亀井が殺人の実行犯のなかではリーダーだったと見ており、彼が逮捕されて有罪となれば、鷲田や船を操舵していた平川、さらに同乗していた菊池などが、亀井に怯えることなく、事件の真相を話すのではないかと期待した。

　そこでまず行われたのは、操舵していた平川への事情聴取である。すると彼は、事故発生時の状況について、これまでの供述とは異なる内容の説明を始めた。

「転落時の状況は見ていないのですが、転落前は船の中央にいた菊池さんが立ち上がったり、肩に手をかけてきたりして、私の視界を遮《さえぎ》っていました。そして黒田さんと鷲田さんが海に転落し、二人を海から引き揚げようとして、いったんは黒田さんの体をつかんだのですが、菊池さんがその腕にのしかかったため、思わず手を離してしまいました。黒田さんは『殺す気か』と悲痛な叫びを上げて、姿が見えなくなりました」

　泳ぎが達者な鷲田はすぐに助け上げられたが、泳げない黒田は海に呑み込まれてしまったのである。さらに平川は、当初は「横波を受けて船が傾いて転落した」と口にしていたが、実際は「転落するほどの横波は感じていなかった」と、供述したのだった。

　これで捜査が一気に進むのではないかと思われるなか、L県警が携わっていた亀井の事件について、彼が処分保留のまま保釈されてしまう。そのことに勢いづいた鷲田は、

I県警I署に「俺になんの疑いをかけてるんだ。用事があるのなら、いつでも出頭してやる」と抗議の電話をかけるなど、完全犯罪に自信を持っているかのような態度を見せた。

完全犯罪を切り崩した状況証拠

「証拠だ、こうなれば状況証拠を積み重ねていくほかない……」

I県警は捜査班を準捜査本部に増強し、これまで以上に関係者の情報収集に努めることにした。

そうしていくうちに、徐々に事件の輪郭が浮かび上がってきたのである。

まず木俣は亀井と繋がりがあり、これまでにも不動産売買において、深く関わっていたことが判明した。もともと木俣は、黒田が提供した土地を抵当に金融機関からカネを借り、その資金を元手に金利を稼いでいたという。しかし黒田の会社が倒産したことで、金融機関からの信用を失い、会社や自宅などが差し押えを受けそうになったため、黒田との関係が悪化していたとの情報が関係者から寄せられた。

さらに、黒田の生命保険加入は、任意加入のようになっているが、彼を木俣の会社の役員と偽ったうえ、木俣の知り合いの保険外務員を通じて加入していたことも明らかになった。

そうしたことから、木俣は自身の会社が倒産の危機を迎えるに至り、黒田の保険金に目をつけて彼の殺害を亀井に依頼。亀井は知り合いの鷲田と相談のうえ、木俣を介して黒田に接近し、T市の土地売買を口実に彼をJ町に誘い出すと、菊池らとともに船から突き落として殺害したと推測された。

準捜査本部は〝事件〟から一年以上を経て、木俣、鷲田、菊池の一斉逮捕に踏み切った。また同時に、別の事件で逮捕され、その段階で勾留状態にあった亀井も再逮捕した。

＊

容疑者の一斉逮捕によってI署に立ち上げられた捜査本部は、犯歴のない菊池から攻め、頑強な抵抗が予想される木俣や亀井は、菊池の供述内容を反映して追及するという方針を取ることにした。

そのやりかたが奏功し、取調官が資料を突きつけ、矛盾を追及し、さらには良心に訴えかける取り調べを行ったところ、菊池が〝完落ち〟したのである。

菊池の自供内容を当てられ、他の三人は顔を引きつらせて黙秘をしたり、食ってかかるなどしていたが、膨大な資料を示されながらの追及に、続いて鷲田が落ちてしまう。

亀井は相変わらず否認を続けていたが、取調官が事件については触れず、「お前は話さなくてもいい。証拠によって有罪に持っていく」と自信を持っていることに不安を募らせ、ついに彼も自供に至った。

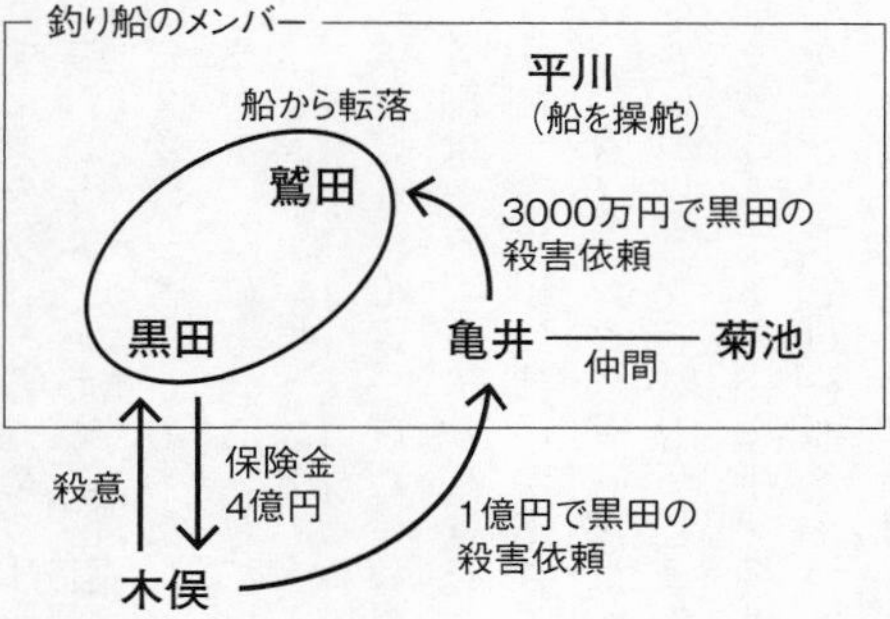

残された木俣であるが、妻に命じた帳簿工作や、カネの流れでの嘘を次々と崩され、自身が企《たくら》んだ保険金殺人を認めるほかなく、最終的には自供に及んだ。

こうして、逮捕された四人全員が次々と陥落していったのだった。

彼らの供述をまとめると、以下の通りになる。まず、木俣が保険金を手にしたあとで亀井に支払うと約束した金額は一億円。そして殺害を請け負った亀井が鷲田に対して三千万円の報酬で黒田殺害を持ちかけると、彼は喜んで応じていた。

そこで亀井が黒田をJ町に誘い出してT市で合流。鷲田の提案による、黒田と釣りに行って海に突き落とす計画を実行するため、J町へと移動したのである。

釣りに積極的ではない黒田だったが、亀井からカネを借りている弱みがあり、今後も融資を受ける約束があったため、誘いを拒むことはできなかった。

やがて、なにも知らされていない平川が操舵する船に、鷲田、菊池とともに黒田は乗り込んだ。船は沖合に出たが、当然ながらまったく釣れる気配はない。

「ダメだな。もう一度だけ移動しよう。それでダメなら帰ろう」

鷲田はそう言うと、菊池に目くばせをした。すると菊池は立ち上がり、「船酔いしたようだ」と平川に覆いかぶさるようにした。

そのタイミングで、鷲田は舳先《へさき》に座る黒田に体当たりして、海に突き落としたのである。しかしそこで黒田がとっさに鷲田の服をつかんだため、一緒に転落。船のへりにつかまろうとする黒田の手を菊池が払いのけ、鷲田が背後から引っ張って船から引き離したうえで、手で頭を押さえつけて水中に沈めたのだった。

その後、船上に助け上げられた鷲田は、「俺はいいから黒田さんを捜せ」と叫ぶなど、みずからの犯行を隠すため偽装していたという。

完全犯罪の企みは、そこに生命保険金を絡ませたことで、すべてが脆《もろ》くも崩れ去ったのである。

デートクラブ女性バラバラ事件

五個のポリバケツから見つかった死体

昭和五十年代の年末にその事件は発覚した。

近畿地方B県B市の河川敷を散歩していた戸田隆は、五個の蓋がされたポリバケツが野ざらしになっているのを見つけ、その一つをなにげなく棒で突いて倒した。

「ひいいいっ！」

倒れたバケツの蓋が外れ、そこから明らかに人間のものだとわかる、切断された胸部と臀部《でんぶ》が出てきたのだ。

戸田は慌てて河川敷から公衆電話のある場所へ向かうと、一一〇番通報した。すぐにB警察署から捜査員が駆けつけ、県警本部からも捜査員が集まった。ポリバケツはすべてB警察署に移され中身が取り出されたが、それらは手首から先のない両腕に両足、肉片や臓器などで、被害者の特定に必要な頭部と両手は見つからなかった。

ただちに捜査本部がB警察署に設置され、本格的な捜査が始まった。

バラバラ死体は、翌日には大学病院で解剖され、その結果、死体は血液型A型の女性で、年齢は十代後半から三十代。死後すでに二、三カ月が経過していることが判明した。

ただ残念なことに、死体には手術痕や傷あと、あざ、ほくろなど、本人特定に繋がる特徴は見当たらなかった。

*

バラバラの死体から被害者を特定するために、身長を推定する作業が始まった。

当初は身長百五十八から百七十五センチメートルという大きな幅しか割り出せなかったが、整形外科医の協力を得て、バラバラになっている骨格を継ぎ合わせ、女性の平均値と比較するなどした結果、身長百六十五センチメートルからプラスマイナス二、三センチメートルという推定身長に辿り着いた。また、年齢についても子細に検討して、十八歳から二十二歳であると推定された。

一方で、遺棄現場周辺への聞き込みで、ポリバケツはもともと遺棄場所から西に五十メートルほど先の竹藪内に捨てられていたが、発見の二日前に竹藪の所有者が不法投棄されたゴミだと判断して、河川敷に動かしていたことがわかった。

さらに竹藪などの捜索で、ポリバケツのほかにポリ袋とロープ、金鋸《かなのこ》の刃、生理用ナプキンなどが発見され、これら遺留品の販売経路が捜査されることになった。するとすべての物品を揃って購入できるのは、X県Y市であることが判明したのである。


そこで、X県内での行方不明者との照会作業を続けたところ、同年夏に母親からX県警に捜索願が出されている、二十一歳の高木綾という女性が浮上した。

彼女は年齢のほかに、身長が百六十五センチメートルで、Y市に居住しているなど、捜査本部が探していた被害者の条件と共通している。

そこで綾についての身元確認の捜査を続けたが、思うように進展しない。捜査が膠着《こうちゃく》するなか、ある捜査員が声を上げた。

「綾さんは高校に行ってたし、どこかで胸部のレントゲン写真は撮ってないですかね」

ただちに綾の母親に問い合わせたところ、高校一年時にY市内のN総合病院で、レントゲン写真を撮影していた事実が明らかになった。捜査員が同病院に赴《おもむ》いて写真を探し出してもらったところ、一枚の写真が発見され、提出を受けたのである。

その写真の画像は複数の大学の専門家によって死体の胸部レントゲン写真と対照され

た。すると、脊椎《せきつい》の曲がり状況や肋骨各部の特徴的形状から、発見された死体はN総合病院で撮影された、綾のレントゲン写真と同一人物である可能性が極めて高いという鑑定結果が出たのだった。

「ここはひとつ、被害者は綾さん一人に絞ってやってみよう」

捜査本部内でそうした決定が下され、彼女の家族から綾の所持品の提出を受け、身元確認作業が進められた。すると、ノートの一冊から足紋と思われる紋様が発見されたのである。その紋様を死体の足紋と対照したところ一致。その結果から死体は綾のものであると断定された。

「手足を切って捨てれば身元はわかりはしない……」

「綾さんは事件に巻き込まれる直前、デートクラブで働いていたようだ」

Y市内の高校を卒業してスチュワーデス（現キャビンアテンダント）を目指した彼女は、上京して英語の専門学校に通うなどしていたが、途中で生活苦からキャバレーで働くようになり、夢を諦めてしまう。やがて地元に戻り、レストランを経営する男性と見合い結婚をしたが、義母との折り合いが悪く、数カ月で離婚。それから職を転々とした末に、Y市内のデートクラブ「フラワー」で働くようになったのである。

そこで捜査員が「フラワー」の経営者への事情聴取を実施したところ、次の話が出てきた。

「あの子は×月×日にマッサージクラブ『ミラクル』の川越という男のところに、『前の恋人から取り立ててもらったおカネを取りに行く』と言って、普段着のまま出ていったきり、帰ってこないんです」

綾は「フラワー」で働く前に、その川越伸也という男が経営する「ミラクル」で働いていたという。そこで綾の「前の恋人」である池田一郎を捜し出して聴取したところ、綾が彼に貸し付けていた現金二百十五万円を、綾の代理で借金の取り立てに来た川越に手渡していた事実を突き止めたのである。

「綾さんに頼まれて、池田からカネを取り立てた川越が怪しい」

捜査本部は、川越の身辺捜査を徹底して行うことにした。

すると、川越が以前経営していたガラス店が、遺留品と同じ金鋸の刃を購入していたことが判明。さらに内妻とY駅の地下街果物店で購入した商品を梱包していたロープが、遺留品のロープと同じであることなどが明らかになった。

川越は親しい友人に、次のようなことも口にしていたという。

「人を殺してバラバラにしたときには、手足を切って捨てれば、誰だか身元はわかりはしない……」

＊

「B県警のデカが、バラバラ事件で俺のことを調べているらしい」

捜査本部内で重要参考人として浮かび上がったのと時を同じくして、川越は内妻にそう言い残して姿を消していた。

B県警はX県警の全面的な協力を得て、川越の行方を捜したが、なかなか成果を上げられない。X県警は川越が知人を脅して現金十五万円を強奪していた事実を突き止め、強盗及び恐喝未遂事件の逮捕状を得て、足取り捜査を行うなどした。

捜査が動いたのは、死体の発見から九カ月後のこと。X県警がY市内の友人宅に潜伏していた川越を発見し、逮捕したのである。

B県警は捜査員をX県警に派遣。川越が強盗事件で起訴されるのを待って、取り調べが始まった。

「…………」

これまで強姦や傷害などで前科三犯の川越は、最初の三日間、一言も喋らずに完全黙秘を貫いた。

しかし取調官は彼が真犯人であるということに自信を持ち、これまでに集まった捜査資料を提示しながら「仏を成仏させてやれよ」と、説得を繰り返す。取り調べが始まって一週間が過ぎた。すると、徐々に日常会話を交わすようになってきた川越が重い口を開く。

「五十八年の×月頃、B市内の国道を降りて、車で十分ほど走ったところの竹藪に綾の死体を捨てた。今日はこれくらいにしてくれ」

その日、科捜研からは川越から採取した毛髪が、ポリバケツを梱包していたガムテープに付着していた毛髪と一致したとの報告があった。そのため、まずは川越を死体遺棄容疑で逮捕し、その翌日には完全自供を受けて、殺人・死体損壊の容疑で再逮捕したのだった。

頭部はすでに見つかっていた

「男に預けた二百十五万円を使い込まれたので、取り返してほしい」

経営していたマッサージクラブで働く綾からそう頼まれたことが、そもそもの犯行のきっかけだった。

強面の川越は、すぐに綾の「前の恋人」である池田と交渉して現金の返済を受けた。

しかしそのカネを、川越はマンションの家賃や飲み代に使い込んでしまう。

「約束が違うでしょ。人のカネを使い込むなんて人間じゃない。あんたの店がやってる違法行為、警察にみんな喋ってやる」

川越がカネを使い込んだことを知った綾は、彼を口汚く罵《ののし》った。それで逆上した川越は、綾の横腹を蹴り上げたうえで馬乗りになり、首を絞めて殺害していた。

続いて川越は風呂場でパンツ一枚の姿になり、彼女の遺体を包丁と金鋸の刃を使って切断。頭部と手については岸壁から海に投げ捨て、その他の部位はポリ容器に入れてB市の竹藪に捨てたのだった。

彼女の頭部については、事件発覚の三カ月前にK市の海岸に打ち上げられ、身元不明の死体として扱われていたが、川越の証言を受けて綾の生前の顔写真と照会された結果、本人のものであることが確認された。

こうした執念の捜査の結果、川越は事件発覚から一年半後に殺人と死体損壊遺棄罪で起訴されたのである。

死体なき殺人事件

倉庫に漂う嘔吐を催すほどの悪臭

「なんだこの臭いは……」

昭和六十年代の暑い夏の盛り、近畿地方某県M市にある倉庫のなかで作業をしていた元村栄太郎は、壁越しに南隣の方角から漂ってくる異臭に気付いた。

隣の区画は五カ月前に越してきたばかりの、単車の部品工場だと聞いていた。しかし、まったく作業をしている様子がない。そこから漂う臭いに不審を抱いたものの、余計な関わりを避けるため、その場での通報は思いとどまった。

そんな元村が臭いに堪《たま》りかねて所轄のM署に届け出たのは、異臭に気付いてから二カ月後のこと。やってきた捜査員は、倉庫の所有者と元村を立会人として、部品工場の見分を行うことにした。

悪臭の発生場所に近づき、その倉庫の出入口シャッターを開けた途端、嘔吐を催すほどの強烈な悪臭が外に向かって流れ出る。倉庫内は、セメント袋やポリ容器、消臭剤の空缶などが散乱していた。その一角に、青色のビニールシートが喰い込んだ長方体のコンクリート塊があった。

このコンクリート塊の大きさは棺桶よりもやや小さなもので、上部には亀裂ができていた。また、ビニールシートには黒褐色の粘着物が付着し、それが悪臭の発生源となっていた。

その後の捜査により、この倉庫の借主は、K市に住む三十七歳の坂本種男と判明。この一件は死体遺棄事件である疑いが濃厚ということで、捜索差押検証許可状の発付を得て、検証を行うことになった。

その際、借主の坂本に電話による立会要請を行ったが、「一時間後に着くように向かう」との返答があっただけで、ついに倉庫に姿を現すことはなかった。

借主不在のままで行われた鑑識活動によって、床面全体から人血反応が得られた。また、コンクリート塊に埋まっていたビニールシートに付着した腐敗汁は、B型の人血であるとの鑑定結果が出た。

そこで、「死体なき殺人」の疑いが極めて強いということから、徹底した遺留品捜査並びに、坂本種男及び関連人物に対する内偵捜査を行い、坂本の周辺で所在不明になっている者がいないかを調べることが、捜査会議で決められた。

容疑者が妻に残した別れの言葉

「二月頃に北隣の倉庫を借りたと言ってあいさつ回りに来た男が、五月末頃に、三十歳くらいの男と二人でコンクリートを練っていました」

近隣住民からそうした有力情報を得た捜査員は、さらに周辺での聞き込みを強化した。そうしたところ、今夏に複数の男たちが、倉庫から何かを運び出しているのを見たとの証言が飛び出した。

「午前三時頃と午後八時頃の二回、倉庫前に若草色の荷台の二トン積みクレーン車がエンジンをかけたまま停まっていました。ヘルメットを被った男がこの車を操作し、倉庫のなかにもう一人、男がいたと思います。そして、クレーン車のアームが倉庫のなかに伸び、長方形の大きな物体を吊り上げていました」

こうした証言から、坂本が本件に関与している疑いは濃厚だった。しかし、坂本は検証への立会要請の直後から姿を消していた。

そこで急きょ、坂本の妻に対して事情聴取を行うことになったのである。

坂本の妻の雪江は、捜査員が自宅を訪ねると、当初は戸惑いの表情を見せたが、どこかで夫の犯行を予期していたかのような口ぶりで、話を始めた。

「夫がM市で倉庫を借りていることは知っていました。それで、去年からあまり帰宅しなくなっていたのですが、今年の秋に突然帰宅し、深刻な顔で『もう帰れない。子供のことを頼む』と言って、出ていきました。その日の夕刊にM市の倉庫での記事が載り、私は夫が関係していると思いました」

その夜、雪江は子供を集め、新聞記事を見せて「これはお父さんのことだと思う。今後どんな辛いことがあっても、家族で肩を寄せ合って頑張ろう」と言い聞かせたのだという。

＊

捜査員たちは、坂本に情婦がいることを突き止め、彼女が住むマンションの一室を捜索した。

そこで押収された領収書の裏付け捜査を進めたところ、新たな情報が入ってきた。それは、坂本にロッカータンスを販売した、家具店の店主の証言として出てきたものだ。

「説明された住所にタンスを運んだところ、『高架下に砂利を積み込んだトラックがあるから、それに載せておいてくれ』と言われました。荷台には砂利と砂、セメント四、五袋がすでに積まれていて、新品の家具をこんな砂利とかと一緒にしたら傷がつくのに、と思った記憶があります」

写真による確認を行ったところ、店を訪れた二人の男は、坂本と彼の部下である山内敬文であるとわかった。また、これらの証言から、坂本らが購入したロッカータンスは、死体を収めるために使用した疑いが強まり、その数から死体は二体であると推測された。同時に、山内の仲間だった太田喜一という男も姿を消しており、三人の身柄確保に向けて捜査を進めることになった。

このうち、太田については詐欺事件に関わっていることが明らかになったため、詐欺容疑での逮捕状を取り、全国に指名手配をした。さらに山内については、太田の自供を得てから逮捕状を請求するという方針が立てられた。

それから間もなく、太田をC県下のホテルで逮捕し、続いて坂本を潜伏中のB県内の知人宅で発見し、M署に任意同行した。

坂本への取り調べは難航することが予想されたが、子煩悩であるなど優しい面もあった彼は、人の道を説く取調官に「女房の涙ながらの自首の勧めや、子供の近況についての話は身を切られるように辛かった」と述懐。自供を始めた。

「共犯者は山内と、彼の知り合いである『渋谷』と名乗る男でした……」

ここで渋谷と名乗っていたのは太田だった。坂本は続ける。

「殺した相手は四十歳くらいの会社社長と、その会社の二十歳くらいの従業員です。従業員と渋谷は知り合いのようでした。一月末、山内と二人でまず従業員をさらい、拳銃を突きつけたり、殴る蹴るなどの暴行を加えて社長の自宅へ案内させました。それで、朝帰りの社長をさらって、二人を渋谷のマンションに監禁したんです。そこから社長に会社へ電話をかけさせ、S区のファミリーレストランの駐車場に、現金一億円を積んだ車を用意させて、山内と渋谷が奪いました」

その後、三人で社長、従業員の順に、アンテナコードを首に巻きつけて殺害。死体をロッカータンスに入れてM市の倉庫に運び込み、その後でコンクリート詰めにして、山内が運び出したのだった。

従業員の自慢話が犯行の引き金に

「死体がどこに遺棄されたのかは、山内しか知らない」──

本件についての概要は、坂本の自供によって浮かび上がってきたが、いまだに死体発見には至っていない。捜査員は、山内の発見と身柄確保を急いだ。

そうしたなか、M署に開設されたばかりの捜査本部に、ある有力な情報がもたらされた。

「山内がK市内のホテルで知人と落ち合うようだ」

すでに山内に対しては、太田の供述によって、詐欺容疑での逮捕状が発付されていた。K市内のホテルで張り込んだ捜査員は、情婦を連れて姿を現した山内を同容疑で逮捕した。

その際、情婦の所持品のなかに、被害者となった社長の所持品として手配されていたダイヤの指輪、ブレスレット、腕時計が発見され、山内を自供に追い込む外堀は完全に埋まったのである。

山内に対する本件の取り調べが始まったのは、実行行為者三人のうち、坂本と太田という、共犯者二人の自供を得てからのことだった。当初は黙秘していた山内だったが、取調官の追及に耐えきれず、「母は病弱です。このことを知ったら死ぬかもしれない」と暗に犯行を認める言葉を呟《つぶや》いたのち、ついに重い口を開いた。

「コンクリートに詰めた二人の死体は、学生時代の先輩にあたる柴田一馬と、レンタカーのユニット車で、C県内の山中に運んで埋めました」

捜査員はすぐに柴田に任意同行を求め、捜査本部での事情聴取が始まった。

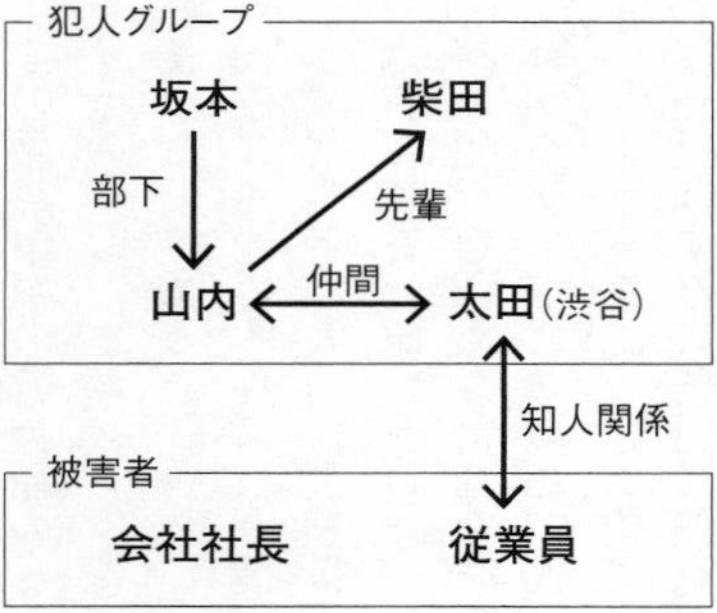

「この日が来ることを予期してました」

そう観念した表情で言った柴田は、これまで世話になっていた山内の頼みを断れなかったと、死体遺棄の状況を説明した。

「コンクリートを運び出したとき、そのうちの一個が割れて、なかから死体の一部が見え、腐敗した血液が床に落ちました。山内が殺したのだろうと思いつつも、彼の頼みを断りきれず、死体をC県にある、実父の作業現場近くの山中に埋めました」

捜査員は、その日のうちに柴田に現場を案内させ、ワイヤーロープが巻きついたコンクリートの一部を確認したことから、彼を死体遺棄容疑で逮捕した。

死体の発掘は翌日行われ、スコップで二時間かけて掘り出したコンクリート塊を、クレーン車で吊るして、近くに設置したテントに移動する。そこで鑑識課員が死体を損壊しないように、エンジンカッターやノミを使ってコンクリートを解体。塊のなかにあった二人の死体を取り出したのだった。

死体は、いずれも両手、両足をビニール紐で緊縛され、顔面をガムテープで覆われたうえ、頭部にすっぽりと黒いビニール袋を被せられていた。

＊

「うちの社長は数百億円のカネを運用し、五億から十億円の現金を、いつも出張時には用意している」

従業員が知人である太田にこの自慢話をしたことが、犯行の引き金となったことが後に判明した。

犯行で手にした現金一億円は、山内と太田が三千五百万円ずつで、坂本が三千万円という額で分配された。しかし、それぞれが金銭に窮しており、まとまった大金が入ったことで散財を繰り返していたことから、逮捕時には三人とも、そのほとんどを使い果たしていたという。

資産家社長夫人トランク詰め殺人

砂浜に打ち上げられたトランクの中身

「おい、あのトランクのなかになにが入ってるのか、見てみないか？」

昭和六十年代、秋の日の午後のことだ。中国地方T県H市の海岸で釣りをしていた酒田祐介は、その日の午前中から海岸に打ち上げられていたトランクの中身が気になり、一緒にいた友人に声をかけた。

取っ手を持って波打ち際から砂浜へ運ぼうとしたが、なにが入っているのか、ずっしりと重くて動かない。

「どうする？　金塊とか宝石が入っていたら？」

酒田は軽口を叩き、友人と笑いながら、トランクの留め金を外した。するとその刹那、周囲に異臭が漂い、明らかに人間だとわかる死体が、視界に飛び込んできた。

「ひぃあああっ……」

あまりの驚きに腰を抜かしそうになった彼らは、慌ててその場を離れると、公衆電話から警察に一一〇番通報したのだった。

＊

「大木勝枝さんの遺体が出たかもしれない」

Ｉ県警Ｉ署に一週間ほど前から開設されていた捜査本部は、死体が発見されたとのＴ県警からの連絡にざわめいた。

その一報を受ける直前まで、Ｉ県警は二日後に〝ある男〟に対して、まだ死体が発見されていない大木勝枝殺害容疑での、強制捜査に着手することを決めていたのである。

だが、遺棄された死体が彼女だと確認されたことで、捜査本部はただちにその男、五十二歳の易者、田原隆昌の逮捕状を請求。指名手配をすることになった。


「ダイエキの先生」には鉄壁のアリバイあり

「妻の勝枝が車で外出し、入院している彼女の実母を見舞ったあと、午前八時半過ぎに病院を出たまま帰ってこないのです」

Ｉ署に勝枝の夫である大木茂がやってきたのは、死体が発見される五カ月ほど前のこと。当時七十二歳の茂は、十四歳年下の勝枝と夫婦仲が良く、家出などは考えられないことを説明。さらに、彼が経営する会社の従業員女性に対して、勝枝が「明日、貸したカネを返してもらうことになった。誰か一緒に行ってくれる人はいないだろうか」と、不安そうに語っていたことなどを明かした。

そうした話から事件性を感じた当直の班長は、すぐに同署の刑事第一課長に報告。さらにＩ県警本部捜査第一課にも即報して、県下の警察署に手配をした。

すぐに捜査員が関係者への事情聴取を行ったところ、勝枝が見舞った実母から、「勝枝が『ダイエキの先生に何回かおカネを貸している』と言っていた」との証言を得た。

さらに、勝枝から相談を受けた従業員女性にも話を聞いたところ、やはり彼女が会う予定だったのは「ダイエキの先生」であり、その先生とは田原隆昌という易者であることがわかった。

ここで名前が出てきた「ダイエキ」というのは略称で、「大日本易学企画（仮名）」との名前でＩ市内に看板を掲げ、姓名判断や人生相談などを行っている事務所である。同事務所で所長を務める田原は、周囲から「先生」と呼ばれていた。

そこで捜査員が「ダイエキ」に向かい、田原に面会を求めたところ、本人は落ち着いた態度で姿を現し、「大木勝枝さんは、その前日には事務所に来て、一緒に寺に行って祈禱をしてもらったが、当日には来られなかった」と語った。さらに自身の当日のアリバイについて、午前九時頃にはタクシーで事務所に来て、事務員の里中百合子と一緒にいたと付け加えた。

捜査員は事務員の百合子にも話を聞いたが、彼女は次のように答えた。

「私は午前九時頃に出勤し、午後六時頃まで田原先生と一緒にいました。その間に大木さんが来ることはありませんでした」

＊

大木家は資産家であり、夫の茂は会社社長で、時価数億円のマンション二棟を所有していた。そのため捜査員は、茂の協力を得て勝枝の資産の動きについて捜査したところ、彼女には前年六月から九月にかけて、約一千万円の使途不明金があることが判明したのである。

勝枝が残した住所録や手紙などで、ふだんから付き合いのあった人物を割り出し、それぞれ内偵捜査を進めたが、彼女はどこにも立ち寄った形跡がない。結局、「ダイエキ」の田原だけが最後の接触者のリストから消えないため、捜査本部は彼の身辺捜査に重点を置くことにした。

すでにこの段階で、田原には窃盗や詐欺、有価証券偽造などの前科があり、これまでに四回服役した過去があることがわかっていた。さらに現在の住居は、本籍地や生年月日を偽って入居している。

田原への尾行や張り込みが続けられるも、彼は事務所と自宅に望遠鏡を備え、カーテンの隙間から周辺の様子を窺ってから外出する。さらにタクシーを乗り継ぎ回り道をするなど、周囲を警戒する様子を見せた。

一方で、内偵捜査を進めるうちに、彼の周囲には三人の愛人がいることが明らかになった。そのうちの一人は、田原のアリバイについて証言した里中百合子であり、捜査本部は彼女が田原に頼まれて、アリバイを偽装したものと見ていた。

そこで、数カ月の内偵を経て、百合子への協力者工作を行うことになった。

捜査員はまず百合子の両親に接触。彼女の母親は事の重大性に驚き、娘を救いたいとの思いから、捜査に全面協力することを約束した。そこで、母親から百合子に対し、「保険証がいるから持ってきて」と、用事を作って家に呼び戻してもらった。

母の連絡を受け、家に立ち寄った百合子を、捜査員と両親が説得にかかる。当初、彼女はまったく耳を貸そうとしなかったが、捜査員が田原の言動の矛盾点を丹念に説明すると、心を動かされたのか、ついに重い口を開いた。

「じつはあの日、午前十一時半頃に事務所へ出勤すると、先生が事務所からビニールクロスに包んだ大型トランクを運び出そうとしていたんです。私も手伝い、中村さんの車で木俣さんの持つ倉庫に運びました。先生からは『絶対に誰にも言うな』と口止めされて……」

百合子は涙ながらに語った。車を出した中村ゆかりは田原の愛人の一人であり、倉庫を貸した木俣晴美は元愛人だった。さらに百合子は続ける。

「トランクは私のもので、ビニールクロスは事務所の壁に貼ってあったものです」

捜査員は百合子からトランクの大きさについて詳細な聞き取りを行い、捜査本部に情報を持ち帰った。そして、彼女が語った大きさの模造トランクを作製すると、勝枝と体型の似た女性警察官を使って、実際に体が収まるのか実験した。

「ピッタリだ。田原はこうして勝枝さんの遺体を運び出したんだ」

捜査員は喜びの声を上げたが、捜索を行った木俣家の倉庫からは、すでにトランクが持ち出されていた。さらに、捜査の進展を察知したのか、捜査員の追尾をまいた田原は、姿を消していたのである。捜査本部では幹部の檄が飛んだ。

「田原の行動確認を徹底しろ！」

それが死体発見の二日前のこと。だが、田原は追尾をまいて以降、居宅、事務所、愛人宅など立ち回り予想箇所すべてに捜査員が張り込むなか、そのいずれにも姿を現すことはなかった。

すべては易占いの通りだった

一方、姿を消した田原は、愛人の一人である岸本冴子と落ち合い、彼女が借りてきたレンタカーでトランクを運び出し、約百五十キロメートル離れたH市の海岸に縦一メートル、横○・八メートル、深さ○・七メートルの穴を掘り、遺棄していた。

やがて岸本と別れた田原は、中村ゆかりを呼び出した。そしてみずから「別れの旅」と称して、彼女と一緒に旅に出たのである。そんなゆかりから母のもとに電話がかかってきたのは、彼女が田原と旅に出てから四日後の朝のこと。そこで田原と一緒にY県Y市にいることがわかった。捜査本部はすぐにY県警に手配をかけたが、時すでに遅く、彼らはホテルをチェックアウトしたあとだった。

だが、その日の午後にゆかりがI市に帰ってきたため、捜査員は彼女を説得。当初「田原先生は人を殺すような人ではありません」と、協力を拒んでいたゆかりだったが、次第に折れ、「二人で旅行をして、今朝Y市で別れました。先生はほとんど所持金を使い果たしていると思います」と語った。さらに田原が沈み込んだ様子で、みずからの「死」について口にしていた様子なども明かした。

前日には勝枝の死体が発見され、田原への逮捕状が出ていることを知ったゆかりは、捜査への協力を約束。自宅で捜査員と田原からの連絡を待った。

＊

「いま誰かそばにいるか？　警察は来てないか？」

その日の夜、田原からゆかりに電話が入った。彼女が誰もいないと告げると、彼は言った。

「もうだめだ。所持金も三百円しかない。おカネはあるか？」

「あります。もう遅いので車で行きます。どこで待ち合わせますか？」

田原はＹ市での待ち合わせ場所を伝えると電話を切った。すぐにゆかりの車に捜査員が乗り、Ｙ市を目指す。同時に捜査本部がＹ県警に逮捕協力を依頼すると、Ｉ県警の捜査員十五名も待ち合わせ場所を目指した。

「田原だね」

Ｙ市内にいる田原を見つけ、捜査員が背後から声をかけたのは、待ち合わせ時間の少し前のことだ。

「大木勝枝さんに対する強盗殺人ならびに死体遺棄容疑での逮捕状が出てるぞ」

捜査員から言われた田原は、「すみません。でも、私は強盗はしていません」と口にすると、目に涙を溢れさせた。

その場で逮捕された田原は、翌日からの取り調べでも、強盗については頑なに否認を続けた。彼の態度に変化が表れたのは十日ほどしてからだ。

約一千万円を勝枝から借りていた田原は、彼女から借金の返済を迫られ、「今日返してもらえなければ、警察に行きます」と言われたことで、電気コードで首を絞めて殺害。その後、トランクに死体を入れて隠し、最終的にH市の海岸に遺棄したのだった。

田原は自供をすべて終えると口にした。

「いま私にできるのは、一人静かに反省し、毎日欠かさず手を合わせ、冥福を祈るだけです。事実を話し、裁きを受けて刑に服することが、せめてもの償いと思うようになりました……」

そして易者らしく、みずからの運命について振り返る。

「殺したのが三十日、T県に遺体を運んだのが三日、それが見つかったのが六日、そして逮捕されたのが九日。みな因縁なんですよ。易占いの通りです」

第六章

執念の「証拠調べ」

通販のズボンから足がついた連続強盗犯

信用金庫職員を狙った強盗殺人事件

それは、昭和六十年代の夏のことだった。

関東地方某県L市の住宅街でお好み焼き店を営む山口英子のもとに、近所に住む友人の主婦が駆け込んできて言う。

「ねぇ英子さん、いま前の道に変な男の人がいるんだけど……」

英子がガラス戸越しに外を見ると、四十歳くらいの痩せた男が立っていた。身長百七十センチメートルほどのその男は、友人が言う通り、きょろきょろと落ち着きがなく、挙動が怪しい。やがて男は三十メートルほど先に停めていた白いライトバンのドアを開け、上半身をなかに入れてなにかを取り出すと、歩いて英子の視界から消えていった。

「泥棒！」

男性の大きな声が外から聞こえたのは、それから間もなくのこと。

英子がふたたびガラス戸に駆け寄ると、先ほどうろついていた男が慌てた様子で走ってきて、停めていた車に乗り込み、すぐに発進させる姿が見えた。

彼女が店の外に出ると、近くの路上で自転車が横倒しになり、その前で若い男性が血を流して倒れていた。彼のまわりには、ゴルフクラブや帽子、雨ガッパ、カバンや手袋などが散乱している。

「大丈夫ですか？」

英子が駆け寄ると、倒れている男性は、彼女の店にもときどき顔を見せる、P信用金庫の小山雄二郎という二十七歳の外務員だった。

「小山さん、どうしたの？　しっかりして。大丈夫？」

彼女が声をかけると、小山は呻くように言った。

「カバン……カバンをお願いします……」

脇にいた近所の主婦が「カバンはあります。預かりますからね」と言うと、小山は黙って頷いた。

やがて、英子の一一九番によって救急車とパトカーがやってきて、現場は騒然となった。

救急隊員が小山の救命活動を行う一方で、県警はただちに強盗致傷事件の広域緊急配備を行い、県内及び県境での検問、検索活動が始まった。

救急車で病院に収容された小山は、手当ての甲斐なく、その約三時間後に死亡した。

そこで県警はL署に捜査本部を設置し、徹底した捜査が行われることになったのである。

警察犬を使っての徹底捜査

「あの、血のついたナイフが落ちてるんですけど……」

小学生の男の子が警察に連絡を入れたのは、小山が生死の境をさまよっている時間のことである。

通報により、刃にべっとりと血のついたペティナイフが、犯行現場から五百メートルほど離れた駐車場で見つかった。その場の状況から、犯人が車で逃走中に車内から投げ捨てたものと推測された。

また、翌日に大学病院で司法解剖が行われ、被害者の死因は腹部刺創による出血性ショック死と断定。腹部以外にも頸部や上腕部、背部に傷があった。

この日、周辺の検索をしていた機動隊員が犯行現場から八百メートル離れた場所で、多数の遺留品を発見した。

まず自動販売機横に置かれた空缶を入れるための灯油一斗缶のなかから、白色ポロシャツと荷造り用ビニールロープが、続いて近くの民家の植え込みから、軍手と白手袋が片方ずつと、赤色タオル、荷造り用のビニールロープが見つかった。さらに、道路に面した畑の草むらから茶色の短靴一足、ブロック塀の上から白色タオル、道路端からペンチが発見された。

やがて、犯行現場及び周辺に残された遺留品の鑑定により、新たなことが判明する。帽子に付着した汗と、白色ポロシャツ、軍手に付着したわずかな血液はA型の反応を示しており、被害者の血液型とは異なるため、犯人の血液型はA型と見られること。ゴルフクラブの握り部分に付着していた繊維片は、赤いタオルの繊維と同一で、さらに帽子、軍手、白手袋について、警察犬を使った臭気選別をしたところ、いずれも同じ人物が使用したものと見られたのだ。

こうしたことなどから、発見された遺留品は被疑者のものであると断定された。

＊

「近接する県で類似事件は起きていないか？」

捜査会議で事件の筋読み、ならびに犯人像を検討したところ、そうした意見が出た。

そこでただちに検索したところ、犯行の十一日前に、隣接するU県にある郵便局に、中年の男がゴルフクラブの先に包丁を結び付けた凶器を所持して押し入り、現金三十万円を強奪して自動車で逃走した事件があったことが判明する。

そこで捜査員が同事件の所轄署に出向いて、防犯カメラに写った犯人の映像を入手。本事件の目撃者数名に見せたところ、「断定はできないが、似ていると思う」との回答を得た。

また一方で、本事件後、同一犯人による犯行と思しき強盗事件が、近隣の県で二件続いて発生した。まずは二日後に帽子、サングラス姿の男が包丁を持って薬局を訪れ、女性店員を脅して現金三万五千円を強奪した事件。次は四日後に帽子、サングラス姿の男が信用組合に侵入し、客の女性に包丁を突きつけて脅し、現金八十七万円を強奪した事件だ。この二つの事件では、男はともに同じ車を使って逃走しており、車種とナンバーも判明していたが、後にその車は盗難車であることがわかった。

ズボン購入者を四十万人から特定せよ

「空家とブロック塀の間に、数日前には見かけなかったデパートの紙袋が置かれているんですけど……」

事件発生から約二週間後、L市内に住む六十八歳の女性から通報があった。彼女がゴミ捨てに出た際、紙袋を発見してなかを見ると、男物の黒ズボンに軍手や白手袋を発見。数日前に聞き込みに来た刑事が、「なにか気付いたことがあったら、遠慮なく連絡してください」と言っていたことを思い出し、通報したのだという。

現場に駆けつけた捜査員が紙袋のなかをあらためると、黒色ズボン、軍手と白手袋が片方ずつ、自動車のカギ、ライター、現金五百八十円が入っていた。

軍手と白手袋が、すでに発見されていたものと対になることなどから、これらの品は被疑者が逃走時に遺留したものと推定され、この朗報に捜査本部はにわかに沸き立った。

さっそく捜査員は黒ズボンを製造した会社に急行。捜査した結果、昭和五十九年春に四百五十三本製造されたうちの一本であることがわかった。商品の納品先は大手デパート数社で、うち百四十本がM百貨店に納品され、そのすべてが通信販売で売られていた。

犯人が通信販売による購入者である可能性を疑った捜査員は、M百貨店に出向き、通販担当社員に販売先のリストの提供を求めた。

「たしかに商品は完売しています。しかし、購入者はすぐにわかりません。約四十万人の通信販売リストから、ズボンの購入者をコンピュータから抽出する作業は、五日くらいかかります」

当時はまだ、商品名からその購入者を抽出するプログラムを導入しておらず、一つずつ手作業で確認する必要があったのだ。

そこで捜査本部から捜査員を応援に出し、人海戦術による抽出作業が行われることになった。その結果、二日目にはズボン購入者全員を割り出すことができたのである。

そのうち、遺留された黒ズボンと同一サイズの購入者は全部で六名であり、犯行現場から最も近距離に住んでいるのは、牧村千恵子だということがわかった。そこで千恵子の夫または兄弟に的を絞って捜査したところ、彼女の夫である牧村源蔵という、五十歳の男が浮上した。

一方で、黒ズボンとともに発見された自動車のカギには、「××自動車」という、中古車販売店名の記されたキーホルダーがつけられていた。

捜査員がその販売店を訪ねたところ、牧村が同店から、これまでに二台の中古車を購入している事実が判明した。さらに牧村は事件の三カ月前に同店を訪れており、白いライトバンを借りていた。そして、発見されたカギが、そのライトバンのものであることが確認されたのである。

ギャンブルに入れ込んだ末の犯行

「あの男に間違いありません。写真よりも実物のほうがそっくりだそうです」

捜査員が目撃者である英子に牧村の写真を見せたところ「よく似ている」との証言を得たことから、彼女に協力を依頼し、外出先から帰宅する牧村を直接見てもらったところ、間違いないとの証言を得た。

この段階で、すでに牧村に対しての内偵捜査が行われており、身長、体型及び血液型が犯人と一致すること、彼が昭和五十六年にはサラ金から借金を重ねるようになり、現在五社から二百二十万円の借金があることなどを把握していた。

さらに、牧村が借りている駐車場には、三日前に盗まれた乗用車が置かれていることも明らかになり、次の新たな犯行が懸念されるため、捜査本部は早急に彼の身柄を押さえることを決定。二日後の早朝に自宅で牧村を逮捕した。

「俺はなにも悪いことはしていない」

捜査員が同行を求めた際、そう否認した牧村だったが、動揺する妻に対しては「子供を頼む」と言い残し、家を出た。

当初、牧村は取り調べに対し、全面否認の態度を貫いていたが、やがて「信用組合と郵便局に強盗に入りました」と、一連の強盗事件についてのみ認めた。しかし、殺人については頑なに否認を繰り返す。

取調官はこれまでに積み重ねてきた捜査の結果を小出しにしつつ、牧村を諭すように説得を続けた。すると彼は次第に黙り込むようになり、最後はがっくりと肩を落とし「L市で銀行員を殺したのは自分です。申し訳ありませんでした」と犯行を認めたのだった。

その後の取り調べによって、借金返済に困った牧村が、信用金庫の外務員ならカネを持っているだろうと考えたこと。待ち伏せた相手をゴルフクラブで殴りつけ、カバンを奪おうとしたが、予想外の抵抗を受けたため、ナイフで刺してしまったことなどが明らかになった。牧村は言う。

「競艇が好きでサラ金から借金を重ね、五社で合わせて二百万円以上の借金がありました。本業の医療器具の販売代金にまで手を出したところ、それが会社に発覚して月給を止められ、このままでは家庭も崩壊してしまう。銀行か郵便局に強盗に入り、五百万円くらいのカネを手に入れようと思いました。最初の犯行で現金三十万円を奪ったとき、二十万円を妻に渡し、残りの十万円を競艇につぎ込みましたが、全部スッてしまいました。それで新たな金融機関を狙おうと思い、P信用金庫の近くに行ったところ、ちょうど外務員が自転車で出かけるところだったんです。そこで、あの外務員を狙えば、簡単にカネになると思って……」

被害者にとっては、不運としかいいようのない事件だったのである。

国外逃亡犯をどこまでも追った捜査官の意地

三歳男児の目の前で母親を刺殺

蒸し暑い夏が間もなく始まろうとしていた。

昭和六十年代のとある日の昼過ぎのことだ。近畿地方某県N市内にあるマンション四階の非常ベルが、けたたましく鳴りだした。

その音が鳴ってすぐに、両手に手袋をして、片手に血のりの付いたナイフを持った男が部屋を飛び出し、慌てて走り去っていった。

非常ベルに驚いて駆けつけたマンションの清掃人が、ベルの発生元となっている部屋にやってくると、奥の部屋で胸から血を流して倒れている主婦の佐伯康子を発見。すぐに一一九番通報した。

救急車が到着するのとほぼ同じタイミングで捜査員が現場にやってきた。彼女の脇では三歳の男児が泣いている。つまり犯人は、子供の目の前で母親を刺したということだ。

「この卑劣な犯人だけは絶対に許せない」

現場を目にした捜査員全員がその思いを胸にした。室内には物色された跡があり、犯行が金銭目的であることが疑われた。やがて運び込まれた病院で、康子が左胸部刺創による失血で死亡したとの連絡が入った。

三十一歳の主婦が被害者となった強盗殺人事件として、N署には捜査本部が開設され、ただちに大規模な捜査が行われることになったのである。

サンダル裏にはさまっていたパチンコ玉

「刑事さん、暑いなか大変ですね。じつは今日の昼前に、これまでマンションで見かけたことのない若い男が、うちの棟のらせん階段に腰かけてたんですよ」

このマンションは四つの棟で構成され、漢字の「口」のような形で各棟が建っていた。そこで康子が住む棟とは別の棟に居住する主婦が、聞き込みに来た刑事に情報をもたらしたのである。

話を聞いた刑事は主婦に案内を求め、男が佇《たたず》んでいたというらせん階段に足を運んだ。そこはちょうど、康子の部屋の玄関を見渡せる場所だった。

「ひょっとすると、階段の手すりから指紋が採れるかもしれない……」

刑事はすぐに鑑識課員を呼び、指紋の採取を依頼した。すると、このらせん階段から八個の指紋が採取された。また、ほかの捜査員が、ここととは別の棟で同様の男の目撃証言を得てきており、その棟の目撃された箇所で指紋を採取したところ、四個の指紋が採取されたのである。

一方、鑑識課員による犯行現場となった部屋の鑑識活動は、五日間にわたって続けられた。

犯人の男が走り去る姿を見た目撃者の証言から、手袋をしていた可能性が高いため、指紋と並行して足紋の採取にも力を入れることになったのだ。

フロアパネルの一枚一枚にアルミ粉末をふり、入念にハケで掃きながら確認作業を続けていた鑑識課員が声を上げた。

「あった。足が出た」

部屋の内部から玄関先に至る部分に、男性のものと見られるサイズの素足痕が現れたのである。それは隆線《りゅうせん》がはっきりと確認できるもので、左右の足について八個の足紋が検出された。

さらに、現場での被害確認作業を進めたところ、玄関の土間から、被害者宅のものではない一組のサンダルが見つかった。捜査の結果、このサンダルは犯人の遺留品と認められ、犯人は玄関でサンダルを脱ぎ、素足で室内に上がり込むと、犯行後は素足のまま逃走したと推察された。

サンダル裏面の溝には、片足に「希望会館」のパチンコ玉一個がはさまっており、もう片方には「パーラーミナト」のパチンコ玉一個がはさまっていた。

事件後に慌てて帰国した外国人の男

「容疑者は年齢二十歳から三十歳くらい。身長は百七十センチメートル前後で、目がぱっちりとして、かわいらしい感じの男だ」

周辺での入念な聞き込み捜査の結果、犯人の特徴が浮かび上がり、すぐに似顔絵が作成された。さらに、「希望会館」と「パーラーミナト」に出入りしており、遺留されたサンダルと結び付く男、という要件に合致する人物を割り出す作業が続けられた。

そうしたなか、捜査線上に矢上広樹という二十歳の男が浮かび上がった。矢上はどちらのパチンコ店にも出入りしており、身長や顔立ちも犯人の特徴に近い。

彼の周辺を丹念に捜査したところ、窃盗容疑で逮捕できる見通しが立ったことから、矢上を同容疑で指名手配して逮捕した。

「これで早期解決か？」

捜査本部は沸き立ち、捜査員の誰もがそう思った。が、しかし……。

足紋が違うのである。

矢上本人も本件についてはまったく心当たりがない様子であり、結果的に捜査本部は彼を捜査線上から外さざるを得なかった。

また、矢上のほかにも九人の男が捜査線上に浮上したが、そのいずれもが容疑性は低く、捜査は暗礁に乗り上げてしまう。

そんなある日、捜査範囲を広げて聞き込みを続けていたところ、特別巡回連絡を実施していた交番の巡査が、立ち寄り先のスナックのママから、興味深い話を聞きつけてきた。

「昨日、店の近くにある坂本建設の作業員三人が来て、酒を飲みながら『犯人の似顔絵に似ていた男がうちで働いてたけど、その男はX国人で、事件後に慌ててX国に帰ったんだ』という話をしてました」

巡査からその情報を得た捜査本部は、捜査員をすぐに坂本建設へ派遣したが、その人物は不法就労者であったことから、関係者の口は予想していた以上に重く、捜査は難航した。

そこで捜査員は坂本建設の退職者を中心に接触することにし、粘り強い捜査を続けたのである。するとこのAという男は、犯人の似顔絵によく似ており、「希望会館」の上階に住んでいたことがわかった。退職者の一人が捜査員に明かす。

「Aは今年の初めにX国から来日し、坂本建設で作業員として働いてましたが、途中から仕事に顔を出さなくなり、パチンコばかりをしていました。Aは写真（遺留品）のサンダルと同じサンダルを履いていて、事件後はまったく姿を見せなくなりました」

その後、それまで捜査に非協力的な態度を取っていたAの関係者に対し、捜査員が事件の重大性を訴え、粘り強く捜査への協力を要請したところ、AのX国における実家の電話番号を入手。捜査を重ねた結果、このAなる男が現在三十歳であり、X国の住所がどこであるかが判明したのだった。

捜査員が航空会社と税関を当たり、Aの搭乗記録と出入国記録を入手したところ、Aが事件から四日後には日本を出国し、X国に帰っていたことが確認された。

国際連携が逃亡犯を追い詰めた

「国外逃亡犯を追うためには、もう少し情報を集める必要がある」

捜査本部は警察庁を通じてX国のAが住む地域に対して戸籍照会を行った。その結果、

Aの出生地と住所、生年月日、家族構成などが明らかになった。

続いてX国にある日本大使館にも協力を求め、Aが日本へのビザを取得した際の書類を入手。そこに貼られていた写真を使って関係者に確認を行い、Aを容疑者として特定するに至ったのである。

次に必要なのは、犯行現場から採取された足紋や、らせん階段から採取された指紋がAのものと合致するかどうかの確認だった。そこで警察庁を通じてICPO（国際刑事警察機構）にX国の捜査当局へ働きかけるよう依頼したところ、その約二カ月半後に、X国からAの指紋が届けられた。

届けられた指紋を、すでに採取してあった指紋と対照すると、らせん階段から採取した指紋が、Aの右手人差し指の指紋と一致。さらに、Aが住んでいた「希望会館」の上の部屋から採取した指紋も、送られてきた指紋と合致したため、彼の容疑はますます濃厚なものとなった。

ただし、Aの足紋を入手して、すでに採取済みの足紋と対照しない限りは、Aが康子の部屋に侵入して事件を起こしたとの証拠にはならない。

「ここまで追い詰めた犯人を、このまま見逃すことはできない」

現場でできることはすべてやり終えた捜査本部は、以後の捜査の進め方について、警察庁国際刑事課の指導を仰ぐことになった。

　国際刑事課は、X国にある日本大使館を通じて、同国の捜査当局にAの足紋を採取してもらえないか打診したが、それに対しては「足紋の採取送付は行わない。ICPOルートで立件できる証拠資料をX国捜査当局に送付すれば、X国で捜査を行うことは可能だ」との回答を受けた。

日本とX国間には、「逃亡犯罪人引渡条約」が締結されていないため、仮にAの身柄がX国内で拘束されても、日本に身柄が移されることはない。

　そこで捜査本部は国際刑事課との協議を重ね、事件の早期解決を図るには、X国の捜査当局に、X国民の「国外犯」として捜査してもらうことが最善の方法である、との結論が下されたのである。

　事件発生から一年二カ月後のある日、国際刑事課員と捜査本部の幹部は、捜査記録を携えてX国へ飛んだ。そして同国捜査当局の幹部と協議を行い、X国が捜査に着手するのであれば、必要な支援を行い、補充捜査は確実に実施することを約束したのだった。

また、X国の捜査当局幹部も、資料を速やかに検討して、できる限り積極的に捜査する方針であることを表明した。

　その結果、事件発生から一年半後になって、ICPOを通じてX国から、Aを逮捕したとの連絡が国際刑事課にもたらされた。さらに、Aの足紋が遺留足紋と合致したことから、X国の検察庁はAを強盗殺人罪で起訴したのだった。

Aは「被害者とは前から面識があり、口論の末に発作的にナイフで刺してしまった」と、強盗殺人を否認する証言を続けていたが、日本の捜査本部が補充捜査を行って、そうした事実はなく、Aが当初から強盗目的であり、弁解の内容はその場の思いつきに過ぎないことを具体的に立証した。

こうして卑劣な犯行に対して、たとえ国外に逃亡しようとも、執念で追い詰める捜査が完結したのである。

愛人を殺した男の〝言い逃れ想定問答〟

ワインレッドのブラウスを着た白骨死体

昭和六十年代の春、東北地方某県のT山に知人らと山菜採りに出かけた日垣孝雄は、そろそろ下山しようと、森の茂みから林道へ向かっていた。

そのとき、日垣の鼻腔に嫌な臭いが飛び込んできた。なんの臭いだろうと山桜の幹があるあたりに目をやると、異様な光景が視界に入ってくる。それは、スカート姿で両腕を開き、助けを求めるように口を大きく開けた白骨死体だった。

驚いた日垣は「わあっ!」と叫び声を上げ、一目散に林道へと駆け上がった。彼の悲鳴に走り寄ってきた知人らに死体を見つけたことを口にすると、全員で慌てて山を下り、ふもとの民家から駐在所へ電話を入れた。

すぐに警察官が現場へ駆けつけて確認すると、死体のそばに履物がないことから、事件性が高いということで、現場保存がなされることになった。

やがて県警本部から捜査員が到着し、観察を始めた。死体は道路の南側約三メートルの崖下で両腕を開き、両足は右前に折り曲げ、仰向けの姿勢で横たわっている。

年齢は二十歳から四十歳で、身長は百五十八センチメートルくらい。髪を茶色に染めており、爪はきれいに手入れされていた。着衣はワインレッドの肩パッド入りブラウスに、灰色のジャンパースカートで、一見した限りでは、水商売の女性を想像させた。

身元を明らかにするための所持品をくまなく探したが、とくに本人を特定できるようなものは発見できない。ただ、死体発見現場から少し離れた藪のなかで、プレイボーイの柄が入ったネクタイが見つかった。ネクタイは結ばれた状態で、首の横にあたる部分で切断されており、首回りの長さは三十・五センチメートルである。

死体を大学病院に運び、司法解剖の結果、被害者の血液型はO型で、死亡から二カ月以上一年以内だと推定された。また、死因については歯髄《しずい》部にうっ血の所見があり、窒息死の可能性が高かった。

すでに原形を留めないほどに朽ち果てていた死体だったが、わずかに右手の親指と薬指に肉が残る部分があったため、鑑識課員が二日かけて復元を試みたところ、両方の指から指紋を採取することができた。

歯型については県内の歯科医院等に手配したが、有力な情報は得られない。そのため、県の歯科医師会の会報にも記事の掲載を依頼し、該当者の発見に努めた。

また、着衣についてはすべての販売ルートが判明。公開捜査を行うため、復元してカラー写真のチラシを作り、タクシー会社に配布したり、各報道機関にも提供したりした。

ブラウスはわずか十枚しか出回っていなかった

死体発見から三週間が経過したある日、二人の刑事は東京にいた。死体が身につけていたブラウスの製造元に聞き込みを行うため、直接足を運んだのである。製造元の担当者を前に彼らが取り出したのは、県内のデパートに販売ルートがあると判明したブラウスだった。

刑事が見せたブラウスを手に取った担当者は、「あっ、これはうちの試作品です。たしか十枚くらいしか作らなかったものですよ」と声を上げた。その言葉に刑事たちは身を乗り出した。

やがて、担当者が倉庫で見つけてきた伝票に目をやると、この試作品は五色三十九枚を作り、持参したブラウスと同色のものは十一枚しかなかった。そのうち一枚は社内販売に回されたため、担当者が言う通り、わずか十枚しか外で売られていない製品だったのである。

そのうち二枚がG県下で売られており、それがP市とV町の洋品店であることがわかった。

「これで決まりだ」

遺体発見後に開設されていた準捜査本部は急展開に活気づき、すぐに捜査員を店に向かわせたが、期待に反して両店とも「店頭販売で誰に売ったか覚えていない」との回答だった。

しかし捜査員が粘り強く他県に売られた同試作品の販売ルートをつぶして回ったところ、それから一週間後に、U県の婦人服店で女性店主から「あらっ、これはうちで売った品よ。サービスした肩パッドも入っているから間違いないわよ」との情報を得ることができた。

しかも有り難いことに、その女性店主は売った相手の素性も記憶していた。

「これを売ったのは去年の五月頃。相手は当時W市内のSデパートにテナントで入っている、婦人服専門のRという店で働くマネキンの女性だったわ」

捜査員がすぐにRへ行くと、話に出たマネキンの女性は県内J市出身の前田葉子であることがわかった。Rの店主によれば、彼女は昨年六月まで同店で働いていたが、妻子ある殿山という男と結婚するという話になり、辞めたとのことだった。

同店で入手した履歴書をもとに、葉子の職歴を追跡したところ、彼女が以前、勤め先のデパートに出した誓約書兼身元保証契約書から、指紋を検出することができた。さらにここで検出された指紋が死体の指紋と符合したため、もし生きていれば現在三十八歳になる、前田葉子に間違いないとの結論に至ったのである。

＊

「妻は八年前に家出してしまい、どこにいるかわかりませんでした」

G市内に住む葉子の元夫は、捜査員の訪問を受け、肩を落とした。

元夫の話によれば、葉子は家出後も連絡は入れてきており、医者にかかるといえば健康保険証を貸し、ローンの支払いや生活費をせがまれると、昭和五十四年から数年にわたり、計八十三万円を送金したり、直接手渡したりしていたという。元夫は言う。

「ただ、葉子は『あなたにはすまない』と謝りながらも、私の『いまどこにいて、なにをしているんだ？』との問いには一切答えませんでした」

さらに彼は、「一人息子には、お母さんは体を悪くして、お祖母ちゃんの家に行っていると説明しています」と続けた。

学校に勤務する真面目で朴訥《ぼくとつ》な元夫に対し、葉子はそれとは真逆の都会的で華美な生活を求めていたという。

そうした性格の葉子は、元夫の反対を押し切ってデパートに勤めるようになり、次第に身なりが派手になっていった。その後もマネキンとして婦人服売り場を転々とした彼女は、昭和五十三年の暮れに、元夫から離婚同意書をもらい、家族を捨てて出ていったのである。

人妻やセールスレディと浮気を重ねる既婚男

Rの店主が話していた、妻子ある殿山という男を捜せ――。

捜査員は葉子の職歴と殿山との繋がりを求めて、彼女の勤務先をくまなく当たった。すると、これまで婦人服販売関連の職を転々としていた彼女に、公共交通機関であるO社に臨時職員として勤めていた時期があることが判明したのである。

そこで二人の刑事がO社に聞き込みに行ったところ、彼女に仕事を斡旋《あっせん》したのが、同社社員の殿山広樹という男であることがわかった。殿山は現在四十歳の妻子持ちで、Rの店主が口にした「葉子が結婚する」という男の素性と符合していた。

殿山について内偵捜査を進めたところ、家庭的にはなに一つ不足のない彼だが、その一方で、人妻や女店員、セールスレディなどと浮気を重ねているという、裏の顔が見えてきたのである。

やがて、殿山と葉子との関係について新たな情報がもたらされた。それは、葉子が夫と別れてすぐに、デパートで働きながら間借りをしていた部屋の、階下にある小料理屋の女将によるものだった。

「殿山さんがうちで飲んでいるときに、葉子さんが偶然階段を降りてきたんです。私が、彼女がデパートで働いていることを教えると、殿山さんは興味を持ったようで、それから言葉を交わすようになり、次第に親しくなっていきました」

昭和五十六年に葉子が別のアパートに引っ越す際には、殿山が現金三十万円を与えて、ベッドを買わせたり、運転免許を取らせたりしており、二人が男女の関係にあることは、周囲にも知られていたと女将は語る。

キスで油断させ、首を絞めた

葉子の死体が発見されてから一カ月半後、準捜査本部では、機は熟したとして、殿山を任意同行して事情聴取を行うことにした。

聴取の前にポリグラフ検査が行われ、そこで殿山は「ネクタイ」という単語に著しく反応し、結果は〝クロ〟と出ていた。

やがて聴取が始まると、殿山は必死で否認したが、これまでエリート街道を歩み、深く厳しく追及されることに慣れていない彼の動揺は隠せない。

「殿山、醜く逃げ回らずに、葉子さんに謝ったらどうだ。裏切られた彼女がどれほど悲しく苦しかったことか。T山をさまよっている葉子さんを、成仏させてやれ」

取調官のその言葉に、殿山は泣き崩れ、自身の犯行を認めたのだった。

殿山の供述によれば、妻子と別れて自分と結婚するよう迫る葉子に対し、前年秋頃から、強い殺意を覚えるようになっていたようだ。

「毎日のように、葉子を安心させておいて不意をつき、抵抗されずに殺すことができないかと考えていました。その際には、自殺か交通事故に見せかけられないかとも、思っていました」

しかし、なかなか殺害の実行には踏み切れず、「妻も母も離婚に同意したが父だけが反対している。もう少し待ってくれ」といった嘘をついては、葉子の追及をかわしていた。だがそれにも限界があり、ギリギリまで追い詰められた殿山は、約束した期限の直前になって、ついに意を決したのだった。

「離婚届にハンコを押してもらったから、十万円と一緒に持っていく」

そう葉子に伝えると、殺害用のタオルとネクタイを隠し持って、彼女が待つ部屋へと向かう。

彼が部屋に着くと、葉子はすぐに「離婚届を早く見せて」とせがんできた。殿山は「本籍地に出すものだから、実家へ預けてきた」ととっさに嘘をつく。

「本当なの？　嘘でしょう。私がお父さんに電話して直接確かめてみるから」

殿山の言葉を疑った葉子は、そう言って電話をかけようとした。殿山は慌てて、「そんなことをしたら、お前との仲は終わりだ」と声を上げ、ためらった彼女を抱き寄せる。そして背後にまわると、右頬にキスをしながら油断させ、両腕で首を絞めつけたのである。最初は顔を歪め、足をばたつかせる彼女だったが、やがて抵抗の力はなくなり、ぐったりとした。そこで持参したネクタイを取り出して首に巻きつけ、とどめをさしたのだった。

翌日、殿山は実家で借りた軽トラックを使って死体を運び、T山の中腹の崖から投げ落として遺棄した。彼は取調官に言う。

「毎日、遺体が見つからないでくれと祈ってました。しかしT山で遺体が発見されたと知り、目の前が真っ暗になりました。その後は身元がわからないように祈りましたが、それも叶わずに、震えていました」

だがその反面、殿山は二人の関係が明らかになって、警察に調べられた際の対応を想定していたことが、後になって判明している。

それは三段階になっており、まずはとことん否認して、絶対に白状しないというもの。しかし、それで通らないときは、「部屋に行ったら血を吐いて死んでいた。死体が見つかれば二人の関係がバレるから捨てた」と言い、殺人だけは絶対に否認しようと考えていた。さらに、それでも通らないときは、殺害も死体遺棄も認めたうえで、「葉子さんからカネの不正流用と肉体関係を妻や親にバラすと脅され、やむにやまれずやってしまった」と、自己に有利な証言をしようというものだった。

だが、この場でそのことが明かされていることからわかる通り、殿山はすべての企《たくら》みを洗いざらい話す結末を迎えることになる。

パンティーも露わな死体と謎のアドレス帳

愛人バンク女性の死体

平成の元号が始まって直後のある日、九州地方某県G市の郊外にあるラブホテルの駐車場で、従業員の女性が異変に気付いた。

そこに停められている車のうち、赤いスポーツタイプの車両が、ここ数日間、移動していないのである。念のため車内を確認することにした彼女の目に入ったのは、運転席で眠る女性の姿だった。

しかし、運転席側のドアにもたれかかり、助手席に足を伸ばした様子は、いかにも不自然だ。そこで彼女は同ホテルの営業部長に連絡を入れた。

やがて到着した営業部長と二人で車内を入念に観察したところ、着ているワンピースが太ももまでめくれ上がって下着が露わになっている。さらに鼻血が出ていて顔がうっ血していることから、女性が死亡していると驚いて、すぐに警察に通報したのだった。

＊

「頸部に索条痕《さくじょうこん》が認められるため、他殺でしょう」

車両のドアは施錠されていなかった。女性の首に紐等で絞められた痕があり、着衣にも抵抗したことが窺われる乱れがあったため、捜査員はすぐに他殺の判断を下した。

鑑識課員による車内の採証が行われたところ、被害者の太もも、ワンピース、座席シートに精液が付着しているのが確認された。また、車内にあった運転免許証や車検証から、被害者はG市に住む北村夕子という四十歳の女性であることが判明した。

夕子が肩からかけていたポシェットと、助手席のサンバイザー部分から、彼女のものと思われるアドレス帳二冊のほか、助手席からは名刺とピンクチラシの入った所有者不明のアドレス帳が見つかった。

車両検索と同時にホテル従業員への事情聴取を進めたところ、三日前に男の声で「そこでなにかあったか？」と電話があり、なんのことか問い返すと電話を切られていたことがわかった。さらに、前日にも男の声で「車のなかで女が死んでいる」との、不審な電話がかかってきていたというのである。

その後、捜査員が夕子の自宅マンションを検証し、アドレス帳などで身辺を捜査したところ、彼女は昭和五十二年に二人の子供を残して離婚した独身女性であることがわかった。また、離婚後には昭和五十九年までの間に三人の男と同棲しており、死亡時は昼間に理容師として働く傍ら、夜はデートクラブや愛人バンクに所属していた噂があるとの情報を得た。

持ち主不明の謎のアドレス帳

「助手席で見つかった名刺入りのアドレス帳には、北村夕子さんの名前と電話番号が書かれている。つまり、これは彼女のものではないということだ……」

アドレス帳から採取された指紋を照会したところ、藤村博という二十歳の男の指紋と合致した。藤村はG市内のデートクラブでチラシ貼りの仕事をしているため、この男こそ〝本ボシ〟ではないかと捜査本部は沸き立った。

そこで捜査員は藤村の内偵を重ねたうえで、任意同行を求めることにした。突然の捜査員の来訪に驚きを隠せない様子の藤村だったが、同行には素直に応じた。

「北村なんていう女は知らない。このアドレス帳は×月初めの深夜、I駅付近の公衆電話ボックスでビラ貼りをしているときに拾ったものだが、いつのまにか落としていた。

それに、事件があった日は、T市で開かれた同級生会に出席し、朝まで飲んでいた」

藤村の供述は捜査員によってすぐに裏付けが取られた。すると、同級生や飲食店主らの供述によってアリバイが成立したのである。また、遺体発見現場で検出されていた精液の血液型とも合致しないことが判明し、彼は捜査線上から外れることになった。

これらの捜査と並行して、アドレス帳の本来の持ち主探しが行われたところ、P市に住む高田邦弘の名前が浮上し、彼に対する事情聴取が決定した。

「たしかにこのアドレス帳は私のもので、×月×日にI駅近くの電話ボックスで紛失しています。ただ、アドレス帳に北村夕子と書いた記憶はないので、拾った人が書いたのだと思う」

高田が供述する通り、アドレス帳に書かれた「北村夕子」の筆跡は、その他のものとは明らかに異なっていた。また、使用されたペンのインクも違う種類だったため、高田が遺失して藤村を経由したのちに、犯人の可能性が高い誰かによって記載されたのは、間違いないと考えられた。

これで捜査は、またもや振り出しに戻ってしまったのである。

「北村さんが参加する社交ダンスのメンバーに聞き込みをしたところ、彼女が『×月×日にU温泉に行ったが、一緒に行った男のいびきがうるさくて眠れなかった』と話していたそうです」

＊

捜査員の報告を受けた捜査本部は、すぐにU温泉に捜査員を派遣して、同行した男の割り出しに努めた。すると、夕子が沢口公男と名乗る男と、ホテルに一泊していた事実を突きとめたのである。

沢口はU市に居住する五十五歳の公務員だった。そこで家族と職場に内緒にするからと説得して、事情聴取をしたところ、「夕子さんとは昭和六十年頃にG市の愛人バンクで知り合い、その後、バンクを通さずに交際していた」との供述を得た。沢口にはアリバイがあり、彼への嫌疑は解消されたが、その証言により、夕子が愛人バンクにいた噂は事実であるとの裏付けとなった。

そこでG市内の同種業者への捜査を進めたところ、夕子は四カ所の愛人バンクに会員として登録していたことが確認されたのである。

また、事件発生時に押収した夕子の手帳に記載されていた稼働状況と収入は、愛人バンクについてであることがはっきりした。それによると彼女は、昭和六十年頭から六十三年末までの四年間で二千六百万円近くの収入を得ていたのだった。さらに、事件発生時の稼働日を検討した結果、殺害されたと思われる日にも、相手の名前こそ書かれていないものの、同バンクの客と会っていた。

捜査員の前でとっさに出た筆跡のクセ

「北村さんのアドレス帳に名前が記されている男性で、なおかつ、高田さんが落としたアドレス帳に残っていた筆跡の持ち主を探すんだ」

捜査幹部の指示を受け、捜査員は夕子のアドレス帳に記載されている人物を一人ずつ訪ねてまわった。

「昭和六十年頃、電話ボックスのチラシを見てデートクラブに電話し、相手になったのが北村夕子さんでした。その後、彼女とは一週間に一回の割合で会うようになり、二人で沖縄に旅行に行ったこともある」

捜査員がＧ市に住む会社員の坂本伸介に事情聴取をしたところ、彼は交際の事実を素直に認めた。その受け答えから、捜査員はシロとの印象を抱いたが、念のため唾液を入手し、目の前で「北村夕子」という文字を書いてもらうことにした。

すると、彼が記した「村」の字が、アドレス帳に書かれていたのと同じ、真ん中の点が抜けた誤字であることを捜査員は見逃さなかった。ただし、その場では表情に出さず、坂本の筆跡を捜査本部に持ち帰った捜査員は、すぐに会議で報告する。

「唾液の鑑定結果が出ました。精液と同じA型です」

捜査本部のなかで、坂本について被疑者の要素を十分持っている存在として、密かに内偵捜査を進めることが決められた。

それと同時に、その他の不審者がいないか、アドレス帳に記載された人物への事情聴取も続けられたが、ほかに不審者は浮上してこない。そのため、坂本を任意同行のうえ、ポリグラフ検査を実施して、取り調べることになった。

死んだ女性の陰部に精液を塗り込んだ

〈服を着たままの状態で殺した。殺害場所は車のなか。死体は前の座席にあり、現金を盗んだ――〉

数日後に実施された坂本のポリグラフ検査では、顕著な陽性反応が現れ、彼の容疑は極めて濃厚との判断が下された。

その検査結果に自信を持った取調官は、坂本を徹底的に追及する。すると間もなく、彼は「夕子、申し訳ない」と頭を垂れて、犯行を自供したのだった。

坂本によれば、昭和六十年夏にデートクラブで出会って以来、彼は夕子をすっかり気に入ってしまう。その後、週に一回の割合で会いながら、旅行などにも出かける関係となった坂本に対し、夕子は「引っ越したいから、二十八万円貸してほしい」と申し出た。そこで坂本は銀行でローンを組み、彼女にカネを融通したという。

そうして部屋を引っ越した夕子だったが、坂本には転居先の電話番号だけしか知らせず、「P市にいる兄が入院したので看病に行く」と告げて、二年間近く音信不通になってしまったのである。

留守番電話に伝言を残し続けながら、悶々とした日々を送る坂本のもとに夕子から「G市に帰ってきた」との連絡があったのは、昭和六十三年秋のことだ。

だがその連絡があったきり、ふたたび彼女とは連絡が取れなくなり、たまに電話がかかってきても「いまはおカネがないから、もう少し待って」という言葉が繰り返された。

「午後四時に××交差点の本屋まで来て。おカネを少し持っていくから」

犯行当日となったその日、夕子から待望の電話があり、坂本は喜びを感じながら会いに行ったと語る。

赤い車を運転してやってきた夕子は、「喫茶店にでも行って話をしよう」という坂本の言葉を無視して車をホテルに走らせ、駐車場に車を入れた。

「いまはカネがない。ここで話そう」

坂本がそう言って入室を渋ると、「なにさ、甲斐性なし」と夕子は言い、「あんたとはもう会わない。今日が最後」と続けたのである。

夕子は借りたカネを返済するつもりなど微塵《みじん》もない。そう理解して頭に血が上った坂本は、用意していた紐で彼女の首を絞めて殺害したのだった。ではなぜ現場に精液があったのか。捜査員に問われた彼は言う。

「死んだ夕子の顔を見ているうちに劣情をもよおし、自分の手に射精しました。そしてそれを彼女の陰部に塗り込みました……」

その言葉からは、事前に紐を用意する周到さとは矛盾する、場当たり的な欲望の強さが垣間見えた。

第七章

昭和の鬼畜・大久保清事件

女性八人連続強姦殺人事件

行方不明女性の自転車を持ち去る男

昭和四十六年、日本中を震撼させる凶悪な事件が発生した。

それは、短期間のうちに若い女性八人が次々と殺害され、土中に遺棄されたというもの。


犯人の名は大久保清（実名）、三十六歳。

大久保逮捕の直接のきっかけとなったのは、同年五月十日の未明に、被害者となった会社事務員である竹田君子の兄がG県警F署にかけてきた一本の電話だった。

「現在二十一歳になる妹が、昨日の夕方六時頃に出かけたまま、この時間になっても帰らないのですが、市内のどこかで女の子が被害に遭った交通事故はなかったでしょうか？」

この電話を受けた当直員は家出だと判断し、「服装は水色のジーパンにえんじ色のワイシャツ、つっかけ姿」という兄の説明を管内の派出所と警らのパトカーに伝えて約二時間捜索したが、それらしき女性の発見には至らなかった。そのため午前七時頃、兄にF署に出頭してもらい、家出人手配簿を作成した。

その後、午前十時過ぎに兄からF署に電話がかかってきた。

「じつは、妹が家を出るときに乗っていた自転車を発見したので、見張っていたところ、不審な男が来たが、すぐに逃げてしまった」

兄の説明によると、見張っているところにクリーム色の××社製の車が停まり、なかから軍手をはめた男が出てきて自転車を持っていこうとしたのだという。だが、男は兄に気付いて話しかけ、兄のジャンパーに竹田姓で始まる会社名が入っているのを見て、「待っている人が来たから」と口にして立ち去ったというのだ。

兄が記憶していた男の車のナンバーは「G55　285」だった。

ナンバーのうちひらがなを記憶していなかったため、該当する車両は五台あったが、車種等から大久保清が所有する車だと推測されたため、身辺捜査が行われることになった。

すると、強姦致傷や恐喝などで前科が四犯（犯歴は六回）あり、このうち強姦致傷で二回服役していることが判明。二回目の服役では八カ月の刑期を残して、三月二日に仮出所している最中であることがわかったのである。

また、目撃者である君子の兄に大久保の被疑者写真を見せたところ、自分が会った相手に間違いないとの証言を得た。そこで君子は大久保に連れ去られた可能性が高いと推定し、大久保の所在を確認して、彼女の救出をはかる方針が立てられた。

＊

T市内の大久保の自宅を捜査員が訪ねたが、本人は不在であり、両親によれば今日（十日）の午前九時頃から車で家を出たまま戻っていないということだった。

両親は大久保を溺愛しており、捜査員が九日から十日にかけての彼の行動について聴取したが、「九日の午後三時頃に『ちょっと出てくる』と外出したが、午後六時過ぎには帰ってきたので、親子三人で夕飯を食べた。午後九時頃にどこかへ出かけていったが、一時間ほどで帰ってきて寝たので、特別に変わった様子はなかった」と、明らかに大久保を庇《かば》っている様子だった。

当時、大久保には妻がいたが、離婚の協議中で彼女とは別居していた。捜査員は彼女の居住先にも出向いたが、「出所後に十一回やってきたが寄せ付けなかった。子供の顔だけは見せたが、それですぐに帰った」らしく、最後にやってきたのは、五月三日の午前中であるとのことだった。

また、君子の家族に改めて聴取したところ、彼女は「絵のモデルになってくれということで、学校の先生らしい人から声をかけられ、その打ち合わせに××町の信号機のところまで行ってくる」ということを家族に言い残し、午後五時半頃に家を出ていたことがわかった。

有志の捜索隊が活躍

捜査員が君子の友人や知人などに聞き込みを行い、F市周辺の空家や宿泊施設などへの捜査を実施する一方で、彼女の兄の知人や友人、彼女の職場関係者などが、「民間捜索隊」を結成した。

この「民間捜索隊」は、車一台に二、三人ずつ分乗し、昼間には五台ほど、夜間には十台くらいの台数で街をまわり、大久保が乗る××社製のナンバー「G55　285」の車を捜した。

君子の所在がわからなくなってから四日後の五月十三日午後六時三十分頃、「民間捜索隊」のメンバーからG県警に一一〇番通報があり、M市内で大久保を発見して追跡中であるとの連絡が入った。県警はすぐに緊急配備を実施。そのさなかに、追跡していた「民間捜索隊」のメンバーが、M市内で大久保を取り押さえ、駆けつけたM署員に引き渡したのである。

大久保はすぐにM署からF署に任意同行され、君子の行方について事情聴取が行われた。大久保は身長百六十三センチほどで、大きな目が茶褐色の、色白、面長で鼻筋の通った顔立ち。額の毛は赤茶けた縮れ毛で薄く、それを隠すために黒いベレー帽を被っていた。ロシアの伝統的なスモック風上着であるルバシカ（黒色）を着ており、一見すると、芸術家といった雰囲気だ。

「強姦しようと思って車に誘い、G県内をドライブした帰りに、M市とT市の中間あたりにある連れ込み旅館に入ろうとしたら、車から飛び出したので追いかけると、彼女は通りかかった車に乗せてもらってT市方面に行ってしまった」

大久保はその一点張りで、現在、君子がどこにいるのかは「知らない」の一言で押し通す。このままでは逃げ切られてしまう恐れがあるため、捜査幹部は協議を重ねた。そして、大久保に対してわいせつ目的誘拐容疑で逮捕状を請求し、十四日午前二時十五分に通常逮捕したのである。

「死刑になることは覚悟している。官憲とは徹底的に闘う――」

＊

逮捕後に取調官と対峙した大久保は必死に抵抗し、なにも喋ろうとしない。

勾留期限が迫るなか、本件とは別の、被害に遭った十九歳の女性会社員がT署に訴え出たことで捜査をしていた強姦致傷事件が、被害者への面通しによって、大久保の犯行であることが確認された。そこで、大久保を十五日午後三時二十分に強姦致傷容疑で再逮捕し、身柄をT署に移したのだった。

「毎日一人ずつ女の子をヤッていたから、たくさん被害届が出ているだろう。俺が考えてもこれは強姦になると思うのは八件ある。その他は和姦だが、警察は強姦だと判断するだろう」

大久保は逮捕容疑の強姦致傷事件についてはすんなり認めたが、君子のことでは相変わらず口を割ろうとしない。ときには反抗し、また、ときには黙秘し、口を開いたと思えば嘘の証言をまことしやかに供述し、そのたびに捜査員が確認に走らされた。

「強姦目的でドライブに誘い、T川で強姦しようとしたら抵抗されたので、殺してT川の砂利穴に死体を投げ捨てた」

十六日の夕方にはこのような証言をして、捜査員が慌てることもあったが、裏付け捜査の結果、死体遺棄場所については嘘であることが判明した。

見つかった二つの死体

「遺棄場所については嘘をついたが、殺人に至る経緯は真実を喋っている」

捜査員の誰もが、すでにそう確信していた。するとやがて、大久保の供述に変化が見られるようになる。

「刑務所で知り合った暴力団員に紹介を受けた、神戸市の××という六十歳くらいの男に、T市内の中学校正門近くで、君子さんを二十万円で売った」

大久保はそう証言し、さらに新たな話を加えた。

「この××という男には、三月下旬頃にT市内で誘った十七、八歳くらいの女の子をK山で強姦したあと、二十万円で売った。四月十日頃にはI市の近くで知り合った十九歳くらいの青いスカートを穿いた女の子を、F市の河原で十万円で売り渡した。ほかにも四月下旬頃、M市内で誘った二十歳くらいのセーターを着た女の子を、S公園で十万円で売り渡した」

こうした大久保の発言について、「殺害」を「人身売買」にすり替えて供述しているのではないかと考えた捜査員たちは、G県下で家出人手配のあった者のなかから、十六歳から二十二、三歳くらいまでの若い女性を抽出した。そこで最終的に選ばれた七人の女性について、家族の了解を得たうえで、公開捜査が行われることになった。

そのさなかの五月二十一日、H山の公園管理人が、公園内を巡回中に不自然な「土盛り」を発見し、スコップで掘り返した。すると、深さ五十センチメートルのところで、女性の死体が出てきたのだ。

T署の捜査員が身元確認を行ったところ、公開捜査の対象となっている市立高校三年生の津村佳代子だとわかった。そこでG県警は、県警本部捜査第一課内に捜査本部を設置し、本格的な捜査を進めることになる。

一方、大久保は五月二十四日の取り調べでは、「俺には人間の血は流れていない。冷血動物だ。心のよじれきった人間だ。人間を信用するな、憎め、と心に誓っている。闘うんだ。だから話さない」と反抗を続けていた。しかし、その翌日からこれまでの厳しい取り調べをやめ、相手の心境を語らせる方法に変更すると、態度に変化が見えてきた。

そして五月二十六日の午後六時十五分頃、大久保はついに君子への強姦殺人と、死体遺棄の状況を口にした。さらに死体はM山の山麓にある桑畑に埋めたことを明かし、現場の見取図を作成したのである。

翌二十七日、午前七時四十分から大久保を連行して、死体の捜索が行われた。当初は取材用ヘリコプターの音と報道カメラマンの姿に大久保が興奮し、死体を埋めた場所を特定することをためらったが、午前八時過ぎにようやく桑畑の一カ所を指差した。

捜査員がそこをスコップで掘ると、五十センチメートルほどの深さのところで、人体の皮膚のようなものが現れ、腐敗臭が周囲に広がった。遺体は全裸で、右肩を下にして横たわっており、腐敗のために顔が変わっていたが、八重歯や前歯の金冠などの特徴により、君子であることが確認された。

その日の午後九時、大久保は君子の強姦殺人、死体遺棄容疑で通常逮捕された。だが、これは捜査員と大久保との間で繰り返されることになる、熾烈な対決の前哨戦に過ぎなかった。

取調官を戦慄させた鬼畜の一言

「絵のモデルになってくれ」と誘った

事情聴取での大久保の供述は、五月九日の君子との出会いから始まった。

「午後三時頃、車を運転してF市へ向かった。若い娘がいたら誘ってドライブしようと思い、あてもなくF市内を流していた」

それから二時間後、街中の銀行に近い場所で、自転車を押して歩く君子を見かけたという。君子は身長百五十八センチメートルで、中肉の丸顔。髪は肩までの長さで、笑うと見える八重歯に特徴があった。そのとき彼女はえんじ色のワイシャツを着て、水色のジーパンを穿いていた。

「その娘（君子）のところに車を寄せ、窓を開けて『ちょっとすみません。絵のモデルになってくれませんか』と声をかけると、立ち止まった。『わたしが？』と驚いているようだったが、『美大の先輩とアトリエを持って絵をやっているのです。先輩と会ってモデルになる話をしてくれませんか』と誘った」

大久保の話に興味を持った君子は、「買い物の品を家に置いてくる」と言い残していったん家に帰った。そして、大久保がその場で待っていると、三十分ほどして戻ってきた。

「その娘が戻ってきたんで、『お茶を飲みながら話しましょう』と言って、彼女が乗ってきた自転車を、俺が近くの信用金庫の自転車置場に持っていき、そこに置いてから車でT市に向かって走り出した」

大久保は車内で「渡辺哉一」と名乗り、実際は三十六歳であるが二十九歳と口にした。一方の君子は、正直に本名を教えている。

「それからT市やM市を通ってI市へ行き、『C』という喫茶店に入って、二人でコーヒーを飲みながら、西洋文学、音楽、登山、スポーツの話をした。彼女もなかなか勉強していて話がはずみ、俺の博学に驚いているようだった。

もちろん俺は、娘とのデート用に、話したことのさわりの部分だけを暗記しておいた。その喫茶店での態度で、彼女は俺にまいったように見えたので、これなら深い関係になることも可能だと思った」

二人は午後八時に店を出て、大久保の車でT市方面へと向かった。

「途中でモーテルに連れ込もうとして彼女に断られ、『あたしそんな女に見える？』と怒られたので、少しドライブしようと車を走らせた。そのときはモーテルに入るのを断られたから、どこか適当な場所を見つけて肉体関係に持ち込もうと思っていた」

やがて車が郊外にさしかかると、不安になった君子は「どこまで行くの？」と大久保に尋ねた。「それならこのへんで戻るか」と彼は国道から左折してM山へと向かう農道に入り、桑畑の行き止まりで車を停めた。

全裸にして路上で強姦

「人通りはまったくなく、すでに午後十時頃だったので、あたりは静まり返っていた。助手席の彼女のカラダを片手で抱くようにして、キスをしようとすると、『私のお父さんは刑事だから変なことをすると言いつけるわよ』と俺の顔を殴って車外へ逃げ出した」

大久保も車外に出て君子を追いかけ、三、四十メートル離れたところで彼女を捕まえた。

「刑事の娘と聞いて逆上し、みぞおち付近に三回当て身をくれて、前かがみになったところを空手チョップで首を二回打つと、彼女はすっかり動けなくなり、声も出せないようになった」

ぐったりとした君子を車の近くまで引きずった大久保は、彼女を全裸にすると、道路上で強姦したのである。

「関係が終わって俺が立ち上がると、彼女は急に『助けて、助けて』と大声を出したので、脱がせたシュミーズを首に巻きつけて両手で力いっぱい絞めつけると、七、八分で死んでしまった」

君子の死体をいったん車内に入れた大久保は、トランクのなかからスコップを出すと、約三十分かけて、長さ百五十、幅五十、深さ八十センチメートルの穴を掘る。そして穴に死体を入れると、スコップで土をかけた。

「土をかけたとき、途中に直径二十センチメートルほどの石を並べた。これは発見されないためにやったことだ。それから車に戻ると、彼女の服があったので、死体のところに埋めようかと思ったが、そこに戻る気持ちになれなかったから、橋の上で車を停め、スコップと一緒にU川に投げ捨てた」

その後、午前〇時頃にT市の自宅に戻った大久保は、手足を洗ってからお茶漬けを食べ、就寝したのだった。

「翌朝、彼女の自転車に指紋を残してきたことが心配になったので、午前九時半頃にF市の信用金庫に行き、軍手で自転車のハンドルの指紋を拭き取っていたとき、乗用車に乗っていた人から声をかけられた。そこで逃げ出したが、あれは失敗だったと思っている」

「兄は検察官」の言葉に激昂

五月二十七日に竹田君子の事件で逮捕された大久保は、その翌日には二回目の供述調書を作成。捜査員はほかにも被害者がいるのではと追及するが、口を開こうとしない。二十九日になると、複数を殺害しているようなことをほのめかすが、「心に決めた日まで自供はしない」と反抗する。そうした抵抗はその後も続き、「留置場で看守の足音がうるさくて眠れない。俺にだけ特別な看守をつけて監視したから、取り調べには応じられない」などと口にしてはごね続けた。

そんな大久保に変化が表れたのは六月四日のこと。日中の取り調べでは黙秘していたのだが、午後六時になって、五月二十一日にH山の公園で土中から遺体が発見された、高校三年生の津村佳代子について、自供を始めたのである。

「三月三十一日の夕方、S駅前のバス停付近で何人かの娘に『絵のモデルになってくれ』と声をかけたがダメだった。そこで駅の待合室で三十分くらい立っていると、電車が到着して、降りてきた娘が小雨のなか、傘をさして歩いているのを見かけたので、声をかけた。その娘は三月二十五日にT駅の待合室で誘って、ドライブしたことのある津村佳代子だった」

佳代子は身長百五十六センチメートルで面長な顔立ち。髪は肩まで伸ばしていて、当日は白いカーディガンに紺のミニスカート姿で、その上に灰色のレインコートを着ていた。彼女はその日、高校生のボーイフレンドとのデートを終え、帰宅途中だった。

「お茶を飲みに行こうと誘って、車でM市の喫茶店『D』に入り、コーヒーを飲んだ。そこで『俺の名前は渡辺哉一、二十八歳。美大を卒業して絵を描いている。H湖畔にアトリエを持っている。アトリエには絵がたくさんある』と自己紹介をした」

大久保はゴッホとマチスの話題を出し、その絵の特徴について触れた。

「彼女が『ぜひH湖畔のアトリエに連れていって』と言ったので、午後八時三十分頃にH湖畔へと向かったが、嘘だったのでH神社の手前で、車を停めた。そこでごまかして引き返そうとしたが、彼女はどうしても行きたいと言い張る。そのため途中でジュースを買い、林道を百メートルくらい進むと、ゴミ捨て用の広場があったので、そこに車を停めた。たぶん九時半くらいだったと思うが、二人でジュースを飲んでから、助手席のリクライニングシートを倒して、関係を持った」

だが、大久保によれば、肉体関係を持ってから、佳代子は急に強い態度を取るようになったという。

「『画廊に連れていってくれ。免許証を見せてくれ』と迫られ、仕方なく免許証を見せると、俺の名前や歳が嘘で、アトリエのこともでたらめだとわかってしまった。そこで彼女が『私はそんな馬鹿じゃない。騙されたのも悪かったが、あんたはひどい人だ。私の兄は検事をやっている。一緒に警察に行ってくれ』と言って、警察に届け出るような態度を取った。俺は前科者だし悪いことをやっていたから、警察に行けば捕まってしまうと思った」

大久保が佳代子の顔を拳で一回殴ると、鼻血を出した彼女は泣きながら車を飛び出し、「助けて」と逃げようとした。

「彼女を九十メートルくらい追いかけて捕まえた。そのとき向こうは『兄が検察官と言ったのは嘘です。ごめんなさい』と謝ったが、検事という言葉は誰でも使うが、検察官という言葉は若い女子高生が嘘で言うはずがないと思ったので、殺してしまおうと決め、みぞおちに三回当て身をくれ、その場に仰向けに倒して馬乗りになり、両手で首を力いっぱい絞めつけた。そして十分くらい絞めていると、全身に痙攣《けいれん》を起こし、急に力が抜けたようにぐったりとなって死んでしまった」

大久保は死体をその場に置いて逃げようとしたが、ヘッドライトの明かりで死体がはっきりと見えたため、隠したほうがいいと思い、車のトランクからスコップを取り出し、林道のそばに長さ百二十、幅四十、深さ六十センチメートルほどの穴を掘った。

「死体を抱いて運ぼうとしたが、だらりと力が抜けていて持ち上げることができなかったので、両わきの下に手をかけて抱え、足のほうを引きずるようにして運び、穴のなかで二つ折りにして、レインコートを着せたまま埋めた」

死体を埋めたあと、佳代子を殺害した場所を見ると、彼女の靴とハンドバッグの吊り紐が落ちていたので、林のなかに投げ捨て、その場から逃げ出した。

「T市に帰る途中、車の座席にあった彼女の傘とハンドバッグを道路の右側の針葉樹林に投げ捨て、午後十一時を少し過ぎた頃、自宅に帰って寝た」

翌六月五日、佳代子殺害の供述調書を作成した後で、大久保は取調官が驚愕する内容の文言を口にした。

「俺は、津村佳代子を殺したあと、四日に一人の割合で殺しをやっている。T市の二十三歳のパンスケをY基地前で車に乗せ、K市のモーテルに連れ込み、関係したあとでN県S市の林道で殺した。女の名前と、死体のある場所は山が紅葉する頃までは言えない」

この男はいったい何人、手にかけているのだ——。

取調官は戦慄を覚えたという。

全面自供するための七つの条件

二カ月で四十人の娘を車に乗せた

「警察では俺が殺したと見ている女が何人もいるようだけど、そう思っているんなら、どんどん事件にしてくれ。俺はそれを認めてもいい。しかし、死体は出さないから、それでも事件になるんならやってみろ」

六月五日、これまでに二人の女性の殺害を自供した大久保清は、ほかにも被害者がいることをほのめかす。だが、その日から反抗的な態度が続き、取り調べはなかなか進まない。

六月七日に頭を丸坊主にした大久保は、気分が良いと言って雑談を始めた。これまでの仕事についてや、強姦事件で捕まって仕事を失ったことなどを話していたが、夕食後に自分からあることを切り出した。

「今回、俺がやった悪いことのなかで、いちばん後味が悪いのは津村佳代子が『嘘を言って悪かった』と謝っているのに、殺してしまったことだ。警察に行こうと言われて、そのまま帰すと訴えられ、捕まってしまうからだが、殺さなくてもよかったと思う。その次にかわいそうだったのは、斉藤聡美という高校生だ……」

大久保の口から新たな名前が出てきたことで、取調官は息を呑んだ。聡美については、被害に遭った可能性のある女性として、リストアップされていた。

「あの娘（聡美）には、『中学校で英語と美術の教師をしている。ときどき話し相手になれる友人になってほしい』と言って誘った。彼女を殺したのは三度目に会ったときだ」

大久保によれば、二度目に会ったときに靴下三足を聡美にプレゼントしたが、三度目に会った四月下旬に、彼女が「買ってもらった靴下の黒いのが、草に引っかかって切れた」というので、今度また買ってあげると口にすると、「でも、悪いから」と言ったという。

「そこで俺が冗談で『デモなんかすると、お巡りさんに捕まるぞ』と言うと、あの娘は『うちのお父さんは、そのデモを取り締まるお巡りさんを指揮しているの』と口にした。それで敵の娘だとわかり、急に憎い女だと思って殺したんだ」

取調官が大久保の前に、聡美の写真を含む複数の女性の顔写真を並べたところ、大久保は「この娘だ」と、丸顔でおかっぱ頭の聡美の写真を指差した。そこで取調官が「この娘さんは、警察官とはまるで関係ない家の子だよ」と告げたところ、大久保は激昂した。

「俺も嘘を言った。だけど、あんな子供に嘘を言われて、それが見抜けなかったとは残念だ。闘う目標を間違えた。自分自身に腹が立つ」

そう声を荒らげた大久保は、机を叩くと頭を横の壁にぶつけ、机の上の湯飲みを床に投げつけた。そしてさらに身勝手なことをわめく。

「三月二十三日頃から捕まるまでに、四十人くらいの娘を誘って車に乗せた。このなかで官憲と関係があるとわかった娘は殺した。いまになって殺した娘が全部関係ないことがわかった。これだと、なんのために命をかけて殺人をやってきたのかわからない」

悪い人間もいる

大久保は「いまは話をする気持ちにはなれない」と嘯《うそぶ》き、取り調べに応じない日が続いた。途中、彼の両親が面会にやってきたが、その際も次のように口にした。

「両親が面会に来たのは、俺に早く全部を自供し、騒ぎを収めて死刑になれということだ。自供しろと言う前に、俺がどうして悪いことをするようになったのか、考えてくれる者はいない。だから肉親がどんなに困っても、辛い思いをしても、自供する必要はない」

その後も反抗を続ける大久保に対して、取調官は彼のこれまでの境遇について話を聞くように方針を転換した。すると六月十六日には、兄に対する恨みや、刑務所を出ても戻ってこなかった妻に対する憎しみ、父の財産についての兄との争いなどを語り始めた。

「そのことで俺は悪くなったんだ。若い頃は嘘を言わなかったが、前科を重ねるごとに悪くなり、嘘を平気で言える人間になった」

自分のことを取調官に語るようになった大久保だが、「捕まる前から、月に一件以上は絶対自供しないで、世間を騒がせ、こういう悪い人間もいると知らせようと思い、今年いっぱいは頑張ろうと心に決めていた。だが十三日目に竹田君子のことをうっかり自供し、津村佳代子の自供もしてしまった。だから、次は七月になってからだ」と反抗をやめない。

六月二十五日には、大久保は第三の犯行について、全面自供するための七つの条件を出してきた。

一、死体遺棄現場に案内する間、報道関係者を一切同行させない。
二、死体発見の前に、図面と供述調書の作成をしないで、指定の時間に出発する。
三、死体が発見され、一通りの事件の処理が済んだとき、父母、妻子、兄・信一夫婦、姉妹、妻の母などに面会させてもらいたい。
四、信一の面会のときの態度によって、新聞に発表する原稿を書かせてもらいたい。
五、死刑執行後の死体引受人となる念書を、信一に書かせてもらいたい。
六、財産をくれなければ家に火をつけると、信一が父を脅迫したことで告訴したい。それを受理して信一を逮捕してもらいたい。
七、ペン、ノート、インクを買って、取り調べの間に手記を書かせてもらいたい。

その翌日、大久保が出した条件について、警察側は全面的に受け入れを拒否した。

「それなら自供しない。まだ闘う」と反抗した大久保だったが、取調官の説得に、徐々に折れてきた。

「二、については、簡単な供述調書の作成に応じる。四、五、六、七、については取り消してもいい。一、と三、の二条件を警察が受け入れれば、明日の午前三時、M警察署を出発して四十分以内に、一人の被害者の死体を埋めてあるところへ案内する」

そう譲歩する大久保に、取調官は「一、二、三、については努力する」と約束した。すると彼は、第三の殺人について、訥々《とつとつ》と語り始めたのである。

靴下を鼻先に突きつけられ激怒

「四月中旬頃、I市内で知り合った、佐久間豊子という十八、九歳の娘を車に乗せて、H町方面に連れていき、その日の午後九時三十分頃、口論した末に首を絞めて殺し、その付近の道路脇に穴を掘って埋めた」

大久保は翌朝午前三時にM署を出て、死体遺棄現場へ行くことを希望した。

「報道関係者を連れていかない条件を守ってもらうため、現場は教えず図面も描かないで案内し、死体が発見されたあとで、殺したときのことや図面を描くことにする。もし、この条件が守れないときは、案内するのをやめて途中からでも引き返す。現場の案内が終わり、帰ってきたときには一切を話す」

翌二十七日午前三時にM署を出て四十分後、大久保の案内でK川の河川敷に死体捜索隊は到着した。大久保は砂利運搬道路の端から草むらを懐中電灯で照らし、「ここに埋めてある。こっちが頭で、こっちが足だ。間違いない」と口にする。

発掘班員がその場を掘り返すと、地表から約七十センチメートルのところで異臭が漂い、やがて、白地にオレンジ色の小さな花模様のブラウスと紺色のベスト、紺色のスカートを身につけた女性の死体が発見された。

じつは大久保が記憶していた佐久間豊子という名前は、捜査員のリストにはなかった。しかし、着衣の特徴が川口陽子という、十七歳の女子高生のものに酷似しているため、大久保に陽子の顔写真を見せて確認したところ、やはり彼女に間違いなく、虚偽の名前を教えられていたことが判明した。

「この娘は、殺した三日前の四月十五日、I市内で一度会って、『O中学の英語の教師をやっている渡辺哉一と言います。お茶を飲みに行きませんか』と誘ってドライブし、I市郊外の旅館に連れ込んで関係した。その後、靴下三足を買ってやり、自宅付近まで送って、三日後の午後一時にI駅前で再会することを約束して別れた」

四月十八日、大久保がI駅前で待っていると、二十分ほど遅れて陽子がやってきた。身長百五十一センチメートルで中肉の陽子は、車に乗り込むと、どこに行きたいかを尋ねる大久保に「どこへでも行く」と答えたという。

「M市を通ってI市を経由しK町に向かった。そこで食事をして、U市まで行くと引き返し、U峠を下ってA市にさしかかったところで、娘に家族のことを質問したら『父は派出所に勤務している』と言った。それを聞いて、過去の警察への恨みが思い出され、気持ちがムラムラしてきた」

その場で、陽子はさらに大久保を刺激する言葉を口にしてしまう。

「あの子が『この前、会って関係したことは、強姦として事件になるんだって』と言ったので、俺も頭にきて『それなら事件にすればいいだろう』と言いながら、車をK川の砂利運搬道路に停めた。そして『事件にしたいのなら、この前やった靴下を返せよ』と口にしたところ、気の強い女で、『返せばいいんでしょ』と靴下を脱ぐなり俺の鼻先に突きつけたので、我慢できなくなり、顔を殴りつけた」

陽子はドアを開けて逃げ出したが、二度会って車のナンバーを覚えられていると思った大久保は、彼女が脱いだパンティーストッキングを手に追いかけ、二十メートルほど先で捕まえた。

「そこでみぞおちに当て身をくれたら、前かがみになったので、ストッキングを首にひと巻きして絞めつけたところ、ぐったりとして死んでしまった」

大久保は車からスコップを取り出し、近くに長さ百五十、幅五十、深さ八十センチメートルの穴を掘ると、陽子の死体をそのなかに入れた。

「埋める際に死体を見ると、スカートのベルトに金属製のバックルがついていた。そのままにすると、金属探知機で警察に発見される恐れがあるので、ベルトを外し、近くの川に捨てた」

彼女について、「死体が発見されたかどうか心配になり、これまでに二回ほど様子を見に行った」と供述した大久保は、陽子への殺人ならびに死体遺棄容疑で通常逮捕された。

自供をうながした夢枕の被害者

五人目の名前を明かす

「妻には、もっと苦しんでもらいたいが、子供の将来のためだから協議離婚した。これで心配がなくなった。これからうんと頑張って闘うんだ」

六月三十日。警察署を訪れた妻の伯父との話し合いにより、大久保は妻との協議離婚と、二人の子供の除籍について承諾した。彼がこれまでに殺人を自供して遺体が発見された女性は三人。だが、妻子との繋がりが切れたことで、どこか自暴自棄となり、警察との対決姿勢はより強固なものとなった。

それからしばらく黙秘が続いた後のこと。七月九日になって、大久保は井上千鶴という女性の名前を挙げた。G県庁に勤める十九歳の千鶴の名前は、被害者となった可能性が高い人物リストにもあり、四月十六日から行方不明になっていた。

「千鶴とは六回会っている。アパートに行ったこともあるし、散文詩の交換もしたことがある。交際しているうちに、彼女は俺に愛情を示し、結婚相手として俺の身上調査をし、前科のあることまで知ってしまった」

大久保によれば、千鶴は前科を知ったうえで、当分遊んでもいいから同棲したいと迫ってきたという。

「そこで俺は、人殺しまでやってしまったので、とても一緒に暮らすことはできない、別れてくれと言った。そうしたら、親戚に警察官がいる。県警の記者クラブに友人がいるから、その人たちに話すと言ったり、死にたいなどとあまりに言うため、俺としても困ってしまい、いっそのこと殺すことにした」

その後、N県のS市からOという地区に行き、そこで首を絞めて殺したことを認めた。死体を埋めた場所にはケルン（積み石）を三つ作ったことまで話したが、「死体を埋めた場所は、心に決めた日まで言えない」とその日は口を閉ざしたのだった。

それから連日、大久保は取調官に条件を出し続けた。それは、遺体捜索に新聞記者とヘリコプターを一切同行させないといったものや、房内でうちわを使わせてくれといったものだった。それらを取調官が拒否すると、決まって黙秘を続けた。

七月十三日になると、大久保は泣きながら「報道関係者を同行しなければ、現場に案内する」と口にして、以前にも名前が出た斉藤聡美と、初めて名前が出る川端加代、さらに田中文也という男の名前も出した。

供述の内容や態度から、真偽は五分五分と判断した捜査本部は、一日も早く死体を発見するために、大久保の条件を呑むことにした。

そして午後九時、M署を出発したのだが、出発時間がテレビで報道されたため、野次馬が署の前に集まっていた。そこで大久保は「俺を見世物にするため、警察が話をしたんだろう」とごね始めた。

やがて車がT市にさしかかり、捜査本部の部隊と合流した際には「車両と人数が多すぎる。このなかに新聞記者がいるだろう」と、難色を示し始めた。そして午後十時半頃、「これでは案内できない」と、現場への案内を拒否するようになり、説得をしても耳を貸さないため、現場への引き当たりは中止された。

それからは黙秘の日々が続き、五日後の七月十八日、身柄が別のM署へと移監されたところ、大久保は夕食後の取り調べで、唐突に口を開いた。

「斉藤聡美は、十三日のときに、道を遠回りしても（死体を）出すつもりでいた。ところが出発の前の晩、斉藤よりも前に殺した女が夢枕に立って『私のほうが先だ。私をどうしてくれる』と脅かしてきたので、案内できなくなってしまった。六月七日に自供しようと思ったときもそうだった。……考えさせてくれ。取調官には約束を破ってすまないと思っている」

夢枕に立った六人目の女性

「昨夜は夢に悩まされて眠れなかった。それは川端加代という娘が出てきたんだ。枕元に来て黙って座ってるだけなんだ。殺した女だから本当に恐ろしくて冷や汗をかくんだ。斉藤聡美はかわいそうと思ってるから、先に死体を出してやろうと思うと、別の女が来て『私のほうが古いんだ。もっと苦しめ、苦しめ』と言って邪魔をするので出せなくなる。俺も日本人だ。日本人の風習としての盆月が来月だ。三人は出す気持ちになった。家族のところでお盆をさせてやりたいからだ。そのあとの者は、そのときの俺の心情で決める」

七月十九日、大久保はそう話すと、殺人現場と死体埋没場所を示す図面の作成を始め、斉藤聡美、大川美恵、川端加代の殺害状況の一部をほのめかしたが、「詳しいことについては、一晩考えさせてくれ」と、そこで口を閉じたのだった。

翌二十日になると、大久保は決意を固めたように、取り調べの冒頭から、川端加代の殺害状況について語り始めた。

「あの娘は四月上旬の午後五時頃、K市の喫茶店Bで、『K中学の教師をやっている渡辺哉一、二十九歳です。友達になってくれませんか』と誘い、同じボックスでコーヒーを飲みながら、西洋文学や音楽の話をして聞かせた。彼女は俺のことを信用して誘いに乗り、ドライブした。そのとき彼女は、I市に家があって、電話局で働いている川端加代、二十一歳だと自己紹介した」

加代は自分のことを二十一歳と口にしたが、実際は十八歳。I市立の女子高を卒業して公社で働いていた。身長は百五十センチメートルと小柄で、黒髪を長く伸ばしていた。大久保は車を走らせてM市へと向かい、途中にあるYというモーテルに加代を連れ込んで関係を結び、その日の帰りに次は五月三日にI駅で会う約束をしたという。

「俺はその頃、殺人を重ねていたから、身の回りの整理もやっていた。だから五月三日はまず、S市の妻の実家にいる別居中の子供にひな人形を届けてから、I駅へと向かった。待ち合わせ時間に車に乗って待っていると、彼女がやってきたので、T市を経由してK町へとドライブした」

午後五時頃に二人はN駅前の食堂でざるそばを食べ、三十分ほどで店を出た。

「そのとき彼女が『家におみやげを買っていきたいけど、財布を車のなかに置いてきた』と言うので、俺の財布を渡して車に戻っていると、箱入りの菓子を買って戻ってきた。それから車でN町のモーテルHに行き、関係してからU峠を通って帰ってきた」

U峠を走っているとき、加代は大久保に向かって唐突に「K中学に渡辺という先生はいない。私に本当のことは言えないの？　遊び半分なんでしょう」と言い出した。

「そう言われて困ったなと思っていると、『本当は大久保清さんでしょ。帰りにあんたの家に連れていってよ』と、俺の身辺を調べていたことを口にした。そのうち車がI町にさしかかると、『あんたの家、この辺なんでしょ。連れてってよ』と繰り返すので、今晩行っても仕方ないだろうと断ると、『それだったら私にも考えがある。車を停めてよ』と言った」

大久保はI市のG駅入口の近くで車を停止させた。

殺した女性の服を「次の日デートした女にやった」

「そこで彼女は『最近帰ってきたんだってね』と、俺が刑務所帰りであることをほじり出したうえ、車のなかにあった、すでに殺した井上千鶴の名前入りの散文詩と写真を見て、『井上の家を教えてくれ』と言うので、それを詮索されると殺人がバレるから殺してしまおうと思い、近くの工事現場に車を乗り入れた」

時刻は午後十時半頃。あたりは真っ暗で、人通りはなかった。

「道路から二百メートルくらい入ったところで彼女を車から降ろし、工事中の側溝のコンクリートに腰かけさせた。そこで『井上さんにそんなに会いたいんなら、そばへやってやる』と、殺す意味のことを言った」

加代は大久保の言っていることの意味がわからず、「近くへやってやるって、どのくらい近くなの？」と聞き返した。

「そこで俺が『死んでもらうんさ』と言うと、恐ろしくなったのか、しばらく黙っていたが、『電話局から電話をかければ、どんなところだって調べられる』と言うので、平手で顔を三回殴った」

大久保にいきなり殴られた加代は、「助けて」と大声を上げて逃げ出そうとした。

「すぐに捕まえて、みぞおちに一回、当て身をくれると黙ってしまい、前かがみになった。そこで彼女が買ったおみやげのビニール紐を胸ポケットに入れておいたのを出して、後ろから首に一巻きして両手で力一杯絞めた。するとぐったりして体から力が抜けるように死んでしまった」

大久保は死んだ加代の服を脱がせて下着姿にした。そして、側溝のコンクリート工事のため掘られていた、深さ八十センチメートルほどの穴に死体を引きずり込み、スコップで埋めたのだった。

「死体を埋め終わったのは午後十一時半頃だと思う。それから彼女の洋服や持ち物を集めて、用水路にその一部を捨てて流した。洋服のうち、赤いカーディガンと茶色のホットパンツ、白いシャツは、次の日にデートした女にやった」

大久保は現場の図面を作成。マスコミに情報が洩れないようにするため、大久保を連れずに捜査員だけで現場を訪れたところ、供述通りの場所があったため、パノラマ写真を撮影した。それを取調室で大久保に提示したところ、「この付近に埋めた。角から五、六メートル離れていたと思うが、念のため幅広く掘ってみてくれ。四十センチメートルも掘れば出るはずだ」と言って、写真の一部に丸印をつけた。

この証言で、死体発掘班が七月二十四日午前一時半から現地で作業にとりかかったところ、十五分ほどで、大久保が指摘した場所の近くの土中から、腐敗臭が漂ってきた。やがて、地表から五十四センチメートルの地点まで掘り進むと、人間の肩と思われる白いものが現れ、その付近の泥を取り除くと、人間の死体であると確認された。

これで出てきた死体は四体。しかしそれは折り返し地点に過ぎないことを、捜査員は後に知ることになる。

強姦殺人鬼の歩んできた人生

六年生の夏に幼女を麦畑に連れ込む

七月二十四日に川端加代の死体が見つかったのち、大久保清の自供によって女子高生の斉藤聡美と十七歳のウエイトレス・大川美恵の死体が七月二十五日に発掘され、これまでに発見された遺体は六体となった。大久保は、その翌二十六日の取り調べにおいて、このように反抗している。

「警察は、余罪が残り二件と見ているようだが、本当はあと六人殺している。三人はG県内で、三人はN県内だ。俺が図面を描けば四人の死体が発見されるが、二人の死体だけは、俺が案内しなければ絶対に発見されない。死刑を覚悟しているから、情けをかけてもらう必要はないし、世の中に恐れるものはない」

余罪について含みを持たせ、頑なに自供を拒んで反抗しようとする彼の性格は、どのようにして形成されたのだろうか。

　そこで、大久保が起こした事件からはいったん離れ、彼がどのような人生を辿ってきたのかを、振り返ることにしたい。

＊

「ボクちゃん」

　昭和十年一月に八人兄妹の三男として生まれた大久保は、両親からそう呼ばれて、わがままいっぱいに育てられた。

　一説には、大久保の祖母はロシア人との間に彼の母親を出産したとされ、それが真実であるとすれば、大久保はロシア人とのクオーターということになる。

　昭和十六年四月に地元のY村Y国民学校に入学した彼は、六年生の夏に幼女を麦畑に連れ込んで、要注意少年のレッテルを貼られていた。

　そうした大久保の特性は、彼の小学校時代の通知表に記された「性行概評」にも表れている。学年順に並べると以下の通りだ。

一学年　元気よく饒舌。どちらかといえば、はしゃぎ屋の方なり。学校にて褒められたることは帰宅して語れど、悪しきことは不語。
二学年　活発なるもきちんとなさず、饒舌なり。
三学年　言語明確にして、きちんとしているも、時々物を忘れる癖あり。宿題などはいつもやってこない。
四学年　落ち着きを欠くことあるも、言語明瞭にして着衣整然としている。作業、掃除のときなどに、口にすべからざることを平気で言う。
五学年　勉強を嫌いて、中途にて逃げ帰ったことあり。努力することを嫌う。また覚える力も薄弱。
六学年　学業を嫌い、ほとんど考えようとしない。時々大それたことをする。早熟なり。

昭和二十二年四月には、地元の中学校に入学。昭和二十五年三月の卒業時の通知表に記された「行動特徴記録」は、より顕著に彼の性行を捉えている。

社会性　口先がうまく下級生をだます能力に優れ、級友に信用はない。
成功性　要領がよく、友人の協力は最後まで得られない。

情緒安定度　不安定で常軌を逸することあり。

親切と礼儀　他人に尽くすときは、自分に大いに有利になるときである。

協調性　人に頼まれても協力しない。

指導能力　人の言うことは聞かない。また信頼されない。

独立の性質　自分で物事を考えようとしない。

正直性　あまり信用できない。

十代の終わりから性犯罪を繰り返す

中学を卒業した大久保は、実家の農業手伝いの傍《かたわ》ら、昭和二十七年四月から県立の商業高校の定時制に入学したが、勉強嫌いだったため六カ月で退学。同年十一月に姉の嫁ぎ先であるK県の電器店にラジオ修理店員として就職したが、翌二十八年四月には実家に戻り、自宅でラジオ修理販売業を開業した。なお、十七歳だったこの時期、大久保は初めて女性を知ったという。

このラジオ修理販売業時代、大久保は最初の逮捕を経験している。容疑は昭和二十八年七月から二十九年一月にかけて、仕入先のラジオ商店舗から、真空管やトランスなどを盗んだというもの。ちなみに同事件は示談が成立して不起訴となっている。

その後、自分で商売をやりながら、当時流行していた登山姿や、スキー板を担いだ姿で繁華街を徘徊し、目ぼしい女性を狙っては声をかけ、性犯罪を繰り返すようになる。

そんな大久保は、二十歳だった昭和三十年七月に、M市内で道を聞いて知り合った十七歳の女性を公園に連れ込んで脅し、強姦したとして逮捕される。この事件では懲役一年六月、執行猶予三年の判決が下された。

続いて、執行猶予期間中の昭和三十年十二月に、M市内で知り合った十七歳の女性を松林に連れ込み、顔面などを殴打して強姦しようとしたことで、翌三十一年一月に強姦致傷容疑等で逮捕される。この事件では懲役二年の判決が下り、初めて刑務所に服役することになった。

刑期を終えて昭和三十四年十二月に出所した大久保だったが、その後も懲りずに犯行を重ねていく。

翌三十五年四月には、知り合いの二十歳の女性を室内で強姦しようとしたが、激しく抵抗されて未遂に終わる事件を起こす。逃げ出した彼女が警察に届け出たため、大久保は強姦未遂容疑で逮捕されたが、この一件に関しては、のちに示談が成立したことで不起訴処分となった。

当時、大久保はみずからを「専修大学生の渡辺許司」と名乗っていた。彼は昭和三十七年五月に、M市内の書店で出会った女性と二十七歳で結婚するが、その相手にも渡辺姓を名乗っていた。彼女との約一年間の交際期間は、すべて偽の名前を使い続けており、そのうえで、結婚式直前になって「大久保家へ養子に入ることになったので、名前も清にした」と嘯《うそぶ》いていた。

結婚後も大久保の異常な性欲は収まらない。新婚の頃から詩集を発行していた彼は、その仕事にかこつけて、毎晩のように外出しては女性を誘っていた。そのため、大久保宅には彼と結婚を誓ったという女性や、その保護者が押しかけることもあり、妻がとがめると、彼女の首を絞めるなどの暴力を繰り返した。

二十九歳だった昭和三十九年九月には、牛乳販売店を開業。一時は営業も順調だったが、翌四十年八月、牛乳瓶を盗んだ少年の保護者から現金二万円を喝取した容疑で逮捕された。この事件では懲役一年、執行猶予三年の判決が下されている。

釈放後の大久保は、仕事に対するやる気を失い、妻の目を盗んでは、ベレー帽を被って買ったばかりの新車に乗り、原稿用紙や詩集などを小道具にして作家を装い、性犯罪を繰り返すようになった。

そのため、昭和四十二年二月には二件の強姦容疑で逮捕されている。一件目は昭和四十一年十二月に、帰宅途中の十六歳の女性に声をかけて車に乗せ、堤防に連れていって強姦したというもの。二件目は昭和四十二年二月、バスを待っていた二十歳の女性に、家まで送ると声をかけて車に乗せ、河原に連れていったうえ、車内で首を絞めるなどして、強姦した容疑である。

これらの事件で大久保には懲役三年六月の判決が下され、彼はふたたび刑務所に舞い戻ることになった。

そのような流れを経て、未曽有の凶悪犯罪に手を染めるようになった大久保の犯行の全貌が明らかになる時期は、刻々と迫っていた。

悪魔がついに語った犯行動機

七人目と八人目の遺体を発見

自供を拒み続けた大久保だったが、ついに重い口を開き、その自供をもとに七月三十日の未明から十九歳の県庁職員・井上千鶴と二十一歳の家事手伝い・高田路子の死体発掘作業が同時並行して始められ、午前二時三十分頃に路子の遺体が、午前四時頃には千鶴の遺体が見つかった。掘り出されたあとで検証作業が進められ、いずれも本人だと確認された。

＊

こうして八人目の死体が発掘されて五日後の八月四日、大久保はなおも余罪をほのめかし、抵抗を続けていた。

「まだ余罪はあるんだから安心するのは早いよ。G県内にはZ峠とA高原に二人、N県内にはO沢、A峠、S川に三人埋めてあり、男二人に女三人だ。早く写真を持ってきて見せてくれ」

そう口にする大久保に、G県内での未発見の家出人の写真数枚を見せたが、特別な反応はなかった。しかし、「まだあるんだ。これからも戦争を続けるんだ」との供述を繰り返す。

続いて八月八日に、大久保は第九の犯行への追及に対し、以下のように述べた。

「T県の男、S県の男、T市の小川美津子、F市の斉田美由紀、K市の桜田茜の五人を殺し、G県内に一人、N県内に四人を埋めてある。その死体を埋めた場所は、山が紅葉しないうちは言えない」

しかし取調官は、大久保の供述態度などから、それらが虚偽のものだと見ていた。捜査本部内でも、被害者はこれまでに死体が出た八人で全部ではないか、との意見が多数を占めた。

こうして進展がないまま、八月十四日まで時間が過ぎていった。

そこで、八月十五日から十九日までは、大久保の生い立ちや、犯行の原因や動機などについて、集中的に話を聞くことにしたのである。

兄と、警察に訴えた女性たちへの憎悪

大久保は自分の生い立ちを話し、最初に就職した電器店では、女風呂を覗いたことで半年ほどでクビになったことや、その後、何度も起こした強姦事件などについても説明した。

また、自分を邪魔者扱いする実兄に対する深い恨みや、過去に起こした恐喝事件を競争相手の同業者から広められて、経営していた牛乳販売店が続けられなくなったなどの恨み言をまくし立てた。

「俺は若い頃から、人を騙せる人間でなかった。だが前科を重ねるにしたがって、人を騙すことや嘘が平気で言える人間になっていくのが、自分にもわかった」

そう語る大久保は、昭和四十二年から四年六月の刑期でF刑務所に服役した時期のことも振り返っている。

「刑務所では新入訓練のあと、浄化槽の清掃作業をやらされた。これには堪えられないと思ったので、別の作業に回るため、親方と喧嘩して、中央統計室の筆耕作業に回してもらった。この作業は俺も気に入って、釈放になるまで続けた」

この服役中に、大久保は妻から離婚を切り出されている。

そして昭和四十六年三月に仮出所となったのだが、妻やその母が大久保を受け入れることはなかった。

「義母と妻に、長い間迷惑をかけたと謝罪したうえ、今後の更生を誓ったのだが、義母も妻も態度は冷たく、泊まることも許されず、寂しく午前二時頃帰宅した。その後も二回妻子を訪ねていったが、妻とその実家の人たちは、親戚の人に死んだことになっているからと言って断られ、そっけなく帰されてしまった」

大久保は、妻や義母の冷たい態度は、自分のことを嫌いな実兄が裏で糸を引き、彼らをそそのかして、そのようにさせたからだ、との恨みを抱いていた。実際、彼の兄は大久保の妻に離婚の助言をしており、同時に、大久保の担当保護司には、「弟を外に出しておくと危険だから、すぐに刑務所に戻してくれ」と申し入れている。

「どうせ前科もあり、兄や妻からも見放されたうえ、将来に希望も持てないし、もうどうなっても構わない。兄と勝負して殺してやろう。そのためには人間を捨てるんだ。人間の血を捨てて冷血動物になるんだ。人間を信用するな。血を憎め。そしてその代わりに、できるだけ悪いことをするんだ。どうせ死刑になるのなら、二十人くらいの人を殺してやろう。そして俺も死ぬんだ。目的を達するまで、絶対に警察に捕まらないようにしよう。そこで決意したことは、兄を殺すことと、俺が前科者としてさげすまれるようになった、その原因を作った女たちを殺そうと考えたことだった」

鬼畜の心をも溶かした取調官

しかし大久保は、これまでの被害女性を殺そうとして誘ったとしても、相手が自分の顔を知っているから、車には乗らないだろうし、その場で切り殺せば、機動力のある警察にすぐに捕まってしまうと考えた。

「それなら、俺を訴えた当時の女と同年輩の十七歳から二十二歳くらいまでの女性を、できる限り数多く殺して、思い切り世間を騒がせてやろうと決心した」

大久保はベレー帽にルバシカの上着を着て、みずからを美術教師や英語教師と偽り、逮捕されるまでに百五十人くらいの女性に声をかけたと明かす。

「誘いに応じて車に乗った女は三十人くらいだった。車に乗って何回会っても、俺を信頼して疑うことをしなかった女は、殺す気持ちにはなれなかった。だが、何回か会っているうち、俺の身元を詮索したり、警察、検察、裁判官などと官憲のことを口にした女は殺してしまった。誘いに応じて車に乗った娘のうち八人を殺し、そのほか二十人くらいと関係をしている。車に乗せただけで関係しなかったのは二人くらいだと思う」

八月十九日になって、大久保はついに、自分が殺害したのは、これまでに自供した八人だけだと認めた。

「俺は捕まる前から殺人事件は、自供しない限り絶対にバレないと確信を持っていた。だが、親切にされたことや、俺の心情を理解してもらっているうちに、だんだん捨てた人間の血が体に通うようになってきた。さらに、取調官の血の通った固いチームワークを毎日見せつけられ、一人の人間がいかに〝反骨〟を持って抵抗しても、このチームワークに勝てるはずがないとわかったので、自分の決めた路線を変更して、七月末日までに一切を自供したのです。このうえは被害者の冥福を祈りながら、法の裁きを受けたいと思います」

八月二十三日に拘置所へと身柄を移された大久保は、その後の裁判で昭和四十八年二月に死刑判決を受け、控訴しなかったために刑が確定。昭和五十一年一月に東京拘置所で死刑が執行された。刑の執行を知らされた際の大久保は、腰を抜かして失禁。刑務官に両脇を抱えられて刑場に引き立てられても、ただ怯え、嫌がる姿を見せていたという。

本書は二〇一六年五月〜二〇一七年五月に「週刊実話」(日本ジャーナル出版)にて連載の「再現・昭和の凶悪殺人事件現場」を改題し、加筆・修正した文庫オリジナルです。

※本書には、今日の人権意識に照らして不当・不適切と思われる語句・表現が使われておりますが、時代背景と作品価値に鑑み、修正・削除は行っておりません。

GENTOSHA OUTLAW BUNKO

昭和《しょうわ》の凶悪《きょうあく》殺人《さつじん》事件《じけん》

小野一光《おのいっこう》

令和4年11月10日　初版発行

発行人――石原正康
編集人――高部真人
発行所――株式会社幻冬舎
〒151-0051東京都渋谷区千駄ヶ谷4-9-7
電話　03(5411)6222(営業)
　　　03(5411)6211(編集)
公式HP　https://www.gentosha.co.jp/
印刷・製本―図書印刷株式会社
装丁者――高橋雅之

幻冬舎アウトロー文庫

ISBN978-4-344-43245-1　C0195　O-131-3